ARMEENS

WOORDENSCHAT

THEMATISCHE WOORDENLIJST

NEDERLANDS
ARMEENS

De meest bruikbare woorden
Om uw woordenschat uit te breiden en
uw taalvaardigheid aan te scherpen

3000 woorden

Thematische woordenschat Nederlands-Armeens - 3000 woorden

Door Andrey Taranov

Woordenlijsten van T&P Books zijn bedoeld om u woorden van een vreemde taal te helpen leren, onthouden, en bestudering. Dit woordenboek is ingedeeld in thema's en behandelt alle belangrijk terreinen van het dagelijkse leven, bedrijven, wetenschap, cultuur, etc.

Het proces van het leren van woorden met behulp van de op thema's gebaseerde aanpak van T&P Books biedt u de volgende voordelen:

- Correct gegroepeerde informatie is bepalend voor succes bij opeenvolgende stadia van het leren van woorden
- De beschikbaarheid van woorden die van dezelfde stam zijn maakt het mogelijk om woordgroepen te onthouden (in plaats van losse woorden)
- Kleine groepen van woorden faciliteren het proces van het aanmaken van associatieve verbindingen, die nodig zijn bij het consolideren van de woordenschat
- Het niveau van talenkennis kan worden ingeschat door het aantal geleerde woorden

T&P Books Publishing
www.tpbooks.com

ISBN: 978-1-78492-371-6

Dit boek is ook beschikbaar in e-boek formaat.
Gelieve www.tpbooks.com te bezoeken of de belangrijkste online boekwinkels.

ARMEENSE WOORDENSCHAT
nieuwe woorden leren

T&P Books woordenlijsten zijn bedoeld om u te helpen vreemde woorden te leren, te onthouden, en te bestuderen. De woordenschat bevat meer dan 3000 veel gebruikte woorden die thematisch geordend zijn.

- De woordenlijst bevat de meest gebruikte woorden
- Aanbevolen als aanvulling bij welke taalcursus dan ook
- Voldoet aan de behoeften van de beginnende en gevorderde student in vreemde talen
- Geschikt voor dagelijks gebruik, bestudering en zelftestactiviteiten
- Maakt het mogelijk om uw woordenschat te evalueren

Bijzondere kenmerken van de woordenschat

- De woorden zijn gerangschikt naar hun betekenis, niet volgens alfabet
- De woorden worden weergegeven in drie kolommen om bestudering en zelftesten te vergemakkelijken
- Woorden in groepen worden verdeeld in kleine blokken om het leerproces te vergemakkelijken
- De woordenschat biedt een handige en eenvoudige beschrijving van elk buitenlands woord

De woordenschat bevat 101 onderwerpen zoals:

Basisconcepten, getallen, kleuren, maanden, seizoenen, meeteenheden, kleding en accessoires, eten & voeding, restaurant, familieleden, verwanten, karakter, gevoelens, emoties, ziekten, stad, dorp, bezienswaardigheden, winkelen, geld, huis, thuis, kantoor, werken op kantoor, import & export, marketing, werk zoeken, sport, onderwijs, computer, internet, gereedschap, natuur, landen, nationaliteiten en meer ...

INHOUDSOPGAVE

Uitspraakgids 8
Afkortingen 9

BASISBEGRIPPEN 10

1. Voornaamwoorden 10
2. Begroetingen. Begroetingen 10
3. Vragen 11
4. Voorzetsels 11
5. Functiewoorden. Bijwoorden. Deel 1 12
6. Functiewoorden. Bijwoorden. Deel 2 13

GETALLEN. DIVERSEN 15

7. Kardinale getallen. Deel 1 15
8. Kardinale getallen. Deel 2 16
9. Ordinale getallen 16

KLEUREN. MEETEENHEDEN 17

10. Kleuren 17
11. Meeteenheden 17
12. Containers 18

BELANGRIJKSTE WERKWOORDEN 20

13. De belangrijkste werkwoorden. Deel 1 20
14. De belangrijkste werkwoorden. Deel 2 21
15. De belangrijkste werkwoorden. Deel 3 21
16. De belangrijkste werkwoorden. Deel 4 22

TIJD. KALENDER 24

17. Dagen van de week 24
18. Uren. Dag en nacht 24
19. Maanden. Seizoenen 25

REIZEN. HOTEL 28

20. Trip. Reizen 28
21. Hotel 28
22. Bezienswaardigheden 29

VERVOER 31

23. Vliegveld 31
24. Vliegtuig 32
25. Trein 32
26. Schip 33

STAD 36

27. Stedelijk vervoer 36
28. Stad. Het leven in de stad 37
29. Stedelijke instellingen 38
30. Borden 39
31. Winkelen 40

KLEDING EN ACCESSOIRES 42

32. Bovenkleding. Jassen 42
33. Heren & dames kleding 42
34. Kleding. Ondergoed 43
35. Hoofddeksels 43
36. Schoeisel 43
37. Persoonlijke accessoires 44
38. Kleding. Diversen 44
39. Persoonlijke verzorging. Schoonheidsmiddelen 45
40. Horloges. Klokken 46

ALLEDAAGSE ERVARING 47

41. Geld 47
42. Post. Postkantoor 48
43. Bankieren 48
44. Telefoon. Telefoongesprek 49
45. Mobiele telefoon 50
46. Schrijfbehoeften 50
47. Vreemde talen 51

MAALTIJDEN. RESTAURANT 53

48. Tafelschikking 53
49. Restaurant 53
50. Maaltijden 53
51. Bereide gerechten 54
52. Voedsel 55

53. Drankjes 57
54. Groenten 58
55. Vruchten. Noten 58
56. Brood. Snoep 59
57. Kruiden 60

PERSOONLIJKE INFORMATIE. FAMILIE 61

58. Persoonlijke informatie. Formulieren 61
59. Familieleden. Verwanten 61
60. Vrienden. Collega's 62

MENSELIJK LICHAAM. GENEESKUNDE 63

61. Hoofd 63
62. Menselijk lichaam 64
63. Ziekten 64
64. Symptomen. Behandelingen. Deel 1 66
65. Symptomen. Behandelingen. Deel 2 67
66. Symptomen. Behandelingen. Deel 3 68
67. Geneeskunde. Medicijnen. Accessoires 68

APPARTEMENT 70

68. Appartement 70
69. Meubels. Interieur 70
70. Beddengoed 71
71. Keuken 71
72. Badkamer 72
73. Huishoudelijke apparaten 73

DE AARDE. WEER 74

74. De kosmische ruimte 74
75. De Aarde 75
76. Windrichtingen 76
77. Zee. Oceaan 76
78. Namen van zeeën en oceanen 77
79. Bergen 78
80. Bergen namen 79
81. Rivieren 79
82. Namen van rivieren 80
83. Bos 80
84. Natuurlijke hulpbronnen 81
85. Weer 82
86. Zwaar weer. Natuurrampen 83

FAUNA 85

87. Zoogdieren. Roofdieren 85
88. Wilde dieren 85

89. Huisdieren   86
90. Vogels   87
91. Vis. Zeedieren   89
92. Amfibieën. Reptielen   89
93. Insecten   90

FLORA   91

94. Bomen   91
95. Heesters   91
96. Vruchten. Bessen   92
97. Bloemen. Planten   92
98. Granen, graankorrels   94

LANDEN VAN DE WERELD   95

99. Landen. Deel 1   95
100. Landen. Deel 2   96
101. Landen. Deel 3   96

UITSPRAAKGIDS

T&P fonetisch alfabet	Armeens voorbeeld	Nederlands voorbeeld
[a]	ճանաչել [čanačél]	acht
[ə]	փախուս [pʰəspʰəsál]	formule, wachten
[e]	հեկտար [hektár]	delen, spreken
[ē]	եկրան [ēkrán]	elf, zwembad
[i]	ֆիզիկոս [fizikós]	bidden, tint
[o]	շոկոլադ [šokolád]	overeenkomst
[u]	հույնուհի [hujnuhí]	hoed, doe
[b]	բամբակ [bambák]	hebben
[d]	դադար [dadár]	Dank u, honderd
[f]	ֆաբրիկա [fábrika]	feestdag, informeren
[g]	գանգ [gang]	goal, tango
[j]	ջուջմ [djujm]	New York, januari
[h]	հայուհի [hajuhí]	het, herhalen
[x]	խախտել [xaχtél]	licht, school
[k]	կոճակ [kočák]	kennen, kleur
[l]	փլվել [pʰlvel]	delen, luchter
[m]	մտածել [mtatsél]	morgen, etmaal
[t]	տակսի [taksí]	tomaat, taart
[n]	նրանք [nrankʰ]	nemen, zonder
[r]	լար [lar]	roepen, breken
[p]	պոմպ [pomp]	parallel, koper
[ġ]	տղամարդ [tġamárd]	gutturale R
[s]	սոուս [soús]	spreken, kosten
[ts]	ծանոթ [tsanótʰ]	niets, plaats
[v]	վոստիկան [vostikán]	beloven, schrijven
[z]	զանգ [zang]	zeven, zesde
[kʰ]	երեք [erékʰ]	deukhoed, Stockholm
[pʰ]	փրկել [pʰrkel]	ophouden, ophangen
[tʰ]	թատրոն [tʰatrón]	luchthaven, stadhuis
[tsʰ]	ակնոց [aknótsʰ]	handschoenen
[ʒ]	ժամանակ [ʒamanák]	journalist, rouge
[dz]	օձիկ [odzíkʰ]	zeldzaam
[dʒ]	հաջող [hadʒóġ]	jeans, jungle
[č]	վիճել [vičél]	Tsjechië, cello
[š]	շահույթ [šahújtʰ]	shampoo, machine
[']	բազակ [baʒák]	hoofdklemtoon

AFKORTINGEN
gebruikt in de woordenschat

Nederlandse afkortingen

abn	-	als bijvoeglijk naamwoord
bijv.	-	bijvoorbeeld
bn	-	bijvoeglijk naamwoord
bw	-	bijwoord
enk.	-	enkelvoud
enz.	-	enzovoort
form.	-	formele taal
inform.	-	informele taal
mann.	-	mannelijk
mil.	-	militair
mv.	-	meervoud
on.ww.	-	onovergankelijk werkwoord
ontelb.	-	ontelbaar
ov.	-	over
ov.ww.	-	overgankelijk werkwoord
telb.	-	telbaar
vn	-	voornaamwoord
vrouw.	-	vrouwelijk
vw	-	voegwoord
vz	-	voorzetsel
wisk.	-	wiskunde
ww	-	werkwoord

Nederlandse artikelen

de	-	gemeenschappelijk geslacht
de/het	-	gemeenschappelijk geslacht, onzijdig
het	-	onzijdig

Armeense interpunctie

՛	-	Uitroepteken
՞	-	Vraagteken
,	-	Komma

BASISBEGRIPPEN

1. Voornaamwoorden

ik	ես	[es]
jij, je	դու	[du]
hij, zij, het	նա	[na]

wij, we	մենք	[menkʰ]
jullie	դուք	[dukʰ]
zij, ze	նրանք	[nrankʰ]

2. Begroetingen. Begroetingen

Hallo! Dag!	Բարև	[barév]
Hallo!	Բարև ձեզ	[barév dzéz!]
Goedemorgen!	Բարի լույս	[barí lújs!]
Goedemiddag!	Բարի օր	[barí ór!]
Goedenavond!	Բարի երեկո	[barí jerekó!]

gedag zeggen (groeten)	բարևել	[barevél]
Hoi!	Ողջույն	[voġdʒújn!]
groeten (het)	ողջույն	[voġdʒújn]
verwelkomen (ww)	ողջունել	[voġdʒunél]
Hoe gaat het?	Ո՞նց են գործերդ	[vontsʰ en gortsérd?]
Is er nog nieuws?	Ի՞նչ նորություն	[inč norutʰjún?]

Dag! Tot ziens!	Ցտեսություն	[tsʰtesutʰjún!]
Tot snel! Tot ziens!	Մինչ նոր հանդիպում	[mínč nór handipúm!]
Vaarwel! (inform.)	Մնաս բարով	[mnas baróv!]
Vaarwel! (form.)	Մնաք բարով	[mnakʰ baróv!]
afscheid nemen (ww)	հրաժեշտ տալ	[hraʒéšt tál]
Tot kijk!	Առա յժմ	[arájʒm!]

Dank u!	Շնորհակալություն	[šnorhakalutʰjún!]
Dank u wel!	Շատ շնորհակալ եմ	[šat šnorhakál em!]
Graag gedaan	Խնդրեմ	[xndrem]
Geen dank!	Հոգ չէ	[hog čē]
Geen moeite.	Չարժե	[čarʒé]

Excuseer me, ... (inform.)	Ներողություն	[neroġutʰjún!]
Excuseer me, ... (form.)	Ներեցեք	[neretsʰékʰ!]
excuseren (veronschuldigen)	ներել	[nerél]

zich verontschuldigen	ներողություն խնդրել	[neroġutʰjún xndrél]
Mijn excuses.	Ներեցեք	[neretsʰékʰ]
Het spijt me!	Ներեցեք	[neretsʰékʰ!]
vergeven (ww)	ներել	[nerél]

alsjeblieft	խնդրում եմ	[χndrúm em]
Vergeet het niet!	Չմոռանա՛ք	[čmoranák[h]!]
Natuurlijk!	Իհա՛րկե	[ihárke!]
Natuurlijk niet!	Իհարկե ո՛չ	[ihárke voč!]

Akkoord!	Համաձայն եմ	[hamadzájn em!]
Zo is het genoeg!	Բավական է	[bavakán ē!]

3. Vragen

Wie?	Ո՞վ	[ov?]
Wat?	Ի՞նչ	[inč?]
Waar?	Որտե՞ղ	[vortéǵ?]
Waarheen?	Ո՞ւր	[ur?]
Waarvandaan?	Որտեղի՞ց	[vorteǵíts[h]?]

Wanneer?	Ե՞րբ	[erb?]
Waarom?	Ինչու՞	[inčú?]
Waarom?	Ինչու՞	[inčú?]

Waarvoor dan ook?	Ինչի՞ համար	[inčí hamár?]
Hoe?	Ինչպե՞ս	[inčpés?]
Wat voor ...?	Ինչպիսի՞	[inčpisí?]
Welk?	Ո՞րը	[voré?]

Aan wie?	Ո՞ւմ	[um?]
Over wie?	Ո՞ւմ մասին	[úm masín?]
Waarover?	Ինչի՞ մասին	[inčí masín?]
Met wie?	Ո՞ւմ հետ	[úm het?]

Hoeveel?	Քանի՞	[k[h]aní?]
Van wie? (mann.)	Ո՞ւմ	[um?]

4. Voorzetsels

met (bijv. ~ beleg)	... հետ	[... het]
zonder (~ accent)	առանց	[aránts[h]]
naar (in de richting van)	մեջ	[medʒ]
over (praten ~)	մասին	[masín]

voor (in tijd)	առաջ	[arádʒ]
voor (aan de voorkant)	առաջ	[arádʒ]

onder (lager dan)	տակ	[tak]
boven (hoger dan)	վերևում	[verevúm]
op (bovenop)	վրա	[vra]

van (uit, afkomstig van)	... ից	[... its[h]]
van (gemaakt van)	... ից	[... its[h]]

over (bijv. ~ een uur)	... անց	[... ants[h]]
over (over de bovenkant)	միջով	[midʒóv]

11

5. Functiewoorden. Bijwoorden. Deel 1

Waar?	Որտե՞ղ	[vortéǵ?]
hier (bw)	այստեղ	[ajstéǵ]
daar (bw)	այնտեղ	[ajntéǵ]

ergens (bw)	որևէ տեղ	[vorevē teǵ]
nergens (bw)	ոչ մի տեղ	[voč mi teǵ]

bij ... (in de buurt)	... մոտ	[... mot]
bij het raam	պատուհանի մոտ	[patuhaní mót]

Waarheen?	Ո՞ւր	[ur?]
hierheen (bw)	այստեղ	[ajstéǵ]
daarheen (bw)	այնտեղ	[ajntéǵ]
hiervandaan (bw)	այստեղից	[ajsteǵítsʰ]
daarvandaan (bw)	այնտեղից	[ajnteǵítsʰ]

dichtbij (bw)	մոտ	[mot]
ver (bw)	հեռու	[herú]

in de buurt (van ...)	մոտ	[mot]
dichtbij (bw)	մոտակայքում	[motakajkʰúm]
niet ver (bw)	մոտիկ	[motík]

linker (bn)	ձախ	[dzaχ]
links (bw)	ձախ կողմից	[dzaχ koǵmítsʰ]
linksaf, naar links (bw)	դեպի ձախ	[depí dzaχ]

rechter (bn)	աջ	[adʒ]
rechts (bw)	աջ կողմից	[adʒ koǵmítsʰ]
rechtsaf, naar rechts (bw)	դեպի աջ	[depí adʒ]

vooraan (bw)	առջևից	[ardʒevítsʰ]
voorste (bn)	առջևի	[ardʒeví]
vooruit (bw)	առաջ	[arádʒ]

achter (bw)	հետևում	[hetevúm]
van achteren (bw)	հետևից	[hetevítsʰ]
achteruit (naar achteren)	հետ	[het]

midden (het)	մեջտեղ	[medʒtéǵ]
in het midden (bw)	մեջտեղում	[medʒteǵúm]

opzij (bw)	կողքից	[koǵkʰítsʰ]
overal (bw)	ամենուր	[amenúr]
omheen (bw)	շուրջը	[šúrdʒə]

binnenuit (bw)	միջից	[midʒítsʰ]
naar ergens (bw)	որևէ տեղ	[vorevē teǵ]
rechtdoor (bw)	ուղիղ	[uǵíǵ]
terug (bijv. ~ komen)	հետ	[et]
ergens vandaan (bw)	որևէ տեղից	[vorevē teǵítsʰ]
ergens vandaan (en dit geld moet ~ komen)	ինչ-որ տեղից	[inč vor teǵítsʰ]

ten eerste (bw)	առաջին	[aradʒínə]
ten tweede (bw)	երկրորդը	[erkrórdə]
ten derde (bw)	երրորդը	[errórdə]

plotseling (bw)	հանկարծակի	[hankartsáki]
in het begin (bw)	սկզբում	[skzbum]
voor de eerste keer (bw)	առաջին անգամ	[aradʒín angám]
lang voor … (bw)	… շատ առաջ	[… šat arádʒ]
opnieuw (bw)	կրկին	[krkin]
voor eeuwig (bw)	ընդմիշտ	[əndmíšt]

nooit (bw)	երբեք	[erbékʰ]
weer (bw)	նորից	[norítsʰ]
nu (bw)	այժմ	[ajʒm]
vaak (bw)	հաճախ	[hačáx]
toen (bw)	այն ժամանակ	[ajn ʒamanák]
urgent (bw)	շտապ	[štap]
meestal (bw)	սովորաբար	[sovorabár]

trouwens, … (tussen haakjes)	ի դեպ, …	[i dep …]
mogelijk (bw)	հնարավոր է	[hnaravór ē]
waarschijnlijk (bw)	հավանաբար	[havanabár]
misschien (bw)	միգուցե	[migutsʰé]
trouwens (bw)	բացի այդ, …	[batsʰí ájd …]
daarom …	այդ պատճառով	[ajd patčaróv]
in weerwil van …	չնայած …	[čnajáts …]
dankzij …	շնորհիվ …	[šnorhív …]

wat (vn)	ինչ	[inč]
dat (vw)	որ	[vor]
iets (vn)	ինչ-որ բան	[inč vor bán]
iets	որևէ բան	[vórevē ban]
niets (vn)	ոչ մի բան	[voč mi ban]

wie (~ is daar?)	ով	[ov]
iemand (een onbekende)	ինչ-որ մեկը	[inč vor mékə]
iemand (een bepaald persoon)	որևէ մեկը	[vórevē mékə]

niemand (vn)	ոչ մեկ	[voč mek]
nergens (bw)	ոչ մի տեղ	[voč mi teġ]
niemands (bn)	ոչ մեկինը	[voč mekínə]
iemands (bn)	որևէ մեկինը	[vórevē mekínə]

zo (Ik ben ~ blij)	այնպես	[ajnpés]
ook (evenals)	նմանապես	[nmanapés]
alsook (eveneens)	նույնպես	[nújnpes]

6. Functiewoorden. Bijwoorden. Deel 2

Waarom?	Ինչո՞ւ	[inčú?]
om een bepaalde reden	չգիտես ինչու	[čgités inčú]
omdat …	որովհետև, …	[vorovhetév …]

voor een bepaald doel	ինչ-որ նպատակով	[inč vor npatakóv]
en (vw)	և	[ev]
of (vw)	կամ	[kam]
maar (vw)	բայց	[bajtsʰ]
voor (vz)	համար	[hamár]

te (~ veel mensen)	չափազանց	[čapʰazántsʰ]
alleen (bw)	միայն	[miájn]
precies (bw)	ճիշտ	[čišt]
ongeveer (~ 10 kg)	մոտ	[mot]

omstreeks (bw)	մոտավորապես	[motavorapés]
bij benadering (bn)	մոտավոր	[motavór]
bijna (bw)	գրեթե	[grétʰe]
rest (de)	մնացածը	[mnatsʰátsə]

elk (bn)	յուրաքանչյուր	[jurakʰančjúr]
om het even welk	ցանկացած	[tsankatsʰáts]
veel (grote hoeveelheid)	շատ	[šat]
veel mensen	շատերը	[šatérə]
iedereen (alle personen)	բոլորը	[bolórə]

in ruil voor ...	ի փոխարեն ...	[i pʰoxarén ...]
in ruil (bw)	փոխարեն	[pʰoxarén]
met de hand (bw)	ձեռքով	[dzerkʰóv]
onwaarschijnlijk (bw)	հազիվ թե	[hazív tʰe]

waarschijnlijk (bw)	երևի	[ereví]
met opzet (bw)	դիտմամբ	[ditmámb]
toevallig (bw)	պատահաբար	[patahabár]

zeer (bw)	շատ	[šat]
bijvoorbeeld (bw)	օրինակ	[orinák]
tussen (~ twee steden)	միջև	[midʒév]
tussen (te midden van)	միջավայրում	[midʒavajrúm]
zoveel (bw)	այնքան	[ajnkʰán]
vooral (bw)	հատկապես	[hatkapés]

GETALLEN. DIVERSEN

7. Kardinale getallen. Deel 1

nul	qɾn	[zro]
een	մեկ	[mek]
twee	երկու	[erkú]
drie	երեք	[erékʰ]
vier	չորս	[čors]

vijf	հինգ	[hing]
zes	վեց	[vetsʰ]
zeven	յոթ	[jotʰ]
acht	ութ	[utʰ]
negen	իննը	[ínə]

tien	տաս	[tas]
elf	տասնմեկ	[tasnmék]
twaalf	տասներկու	[tasnerkú]
dertien	տասներեք	[tasnerékʰ]
veertien	տասնչորս	[tasnčórs]

vijftien	տասնհինգ	[tasnhíng]
zestien	տասնվեց	[tasnvétsʰ]
zeventien	տասնյոթ	[tasnjótʰ]
achttien	տասնութ	[tasnútʰ]
negentien	տասնիննը	[tasnínə]

twintig	քսան	[kʰsan]
eenentwintig	քսանմեկ	[kʰsanmék]
tweeëntwintig	քսաներկու	[kʰsanerkú]
drieëntwintig	քսաներեք	[ksanerékʰ]

dertig	երեսուն	[eresún]
eenendertig	երեսունմեկ	[eresunmék]
tweeëndertig	երեսուներկու	[eresunerkú]
drieëndertig	երեսուներեք	[eresunerékʰ]

veertig	քառասուն	[kʰarasún]
eenenveertig	քառասունմեկ	[kʰarasunmék]
tweeënveertig	քառասուներկու	[kʰarasunerkú]
drieënveertig	քառասուներեք	[karasunerékʰ]

vijftig	հիսուն	[hisún]
eenenvijftig	հիսունմեկ	[hisunmék]
tweeënvijftig	հիսուներկու	[hisunerkú]
drieënvijftig	հիսուներեք	[hisunerékʰ]

zestig	վաթսուն	[vatʰsún]
eenenzestig	վաթսունմեկ	[vatʰsunmék]

| tweeёnzestig | վաթսուներկու | [vatʰsunerkú] |
| drieёnzestig | վաթսուներեք | [vatʰsunerékʰ] |

zeventig	յոթանասուն	[jotʰanasún]
eenenzeventig	յոթանասունմեկ	[jotʰanasunmék]
tweeёnzeventig	յոթանասուներկու	[jotʰanasunerkú]
drieёnzeventig	յոթանասուներեք	[jotʰanasunerékʰ]

tachtig	ութսուն	[utʰsún]
eenentachtig	ութսունմեկ	[utʰsunmék]
tweeёntachtig	ութսուներկու	[utʰsunerkú]
drieёntachtig	ութսուներեք	[utʰsunerékʰ]

negentig	իննսուն	[innsún]
eenennegentig	իննսունմեկ	[innsunmék]
tweeёnnegentig	իննսուներկու	[innsunerkú]
drieёnnegentig	իննսուներեք	[innsunerékʰ]

8. Kardinale getallen. Deel 2

honderd	հարյուր	[harjúr]
tweehonderd	երկու հարյուր	[erkú harjúr]
driehonderd	երեք հարյուր	[erékʰ harjúr]
vierhonderd	չորս հարյուր	[čórs harjúr]
vijfhonderd	հինգ հարյուր	[hing harjúr]

zeshonderd	վեց հարյուր	[vetsʰ harjúr]
zevenhonderd	յոթ հարյուր	[jotʰ harjúr]
achthonderd	ութ հարյուր	[utʰ harjúr]
negenhonderd	իննը հարյուր	[ínə harjúr]

duizend	հազար	[hazár]
tweeduizend	երկու հազար	[erkú hazár]
drieduizend	երեք հազար	[erékʰ hazár]
tienduizend	տաս հազար	[tas hazár]
honderdduizend	հարյուր հազար	[harjúr hazár]
miljoen (het)	միլիոն	[milión]
miljard (het)	միլիարդ	[miliárd]

9. Ordinale getallen

eerste (bn)	առաջին	[aradʒín]
tweede (bn)	երկրորդ	[erkrórd]
derde (bn)	երրորդ	[errórd]
vierde (bn)	չորրորդ	[čorrórd]
vijfde (bn)	հինգերորդ	[híngerord]

zesde (bn)	վեցերորդ	[vétsʰerord]
zevende (bn)	յոթերորդ	[jótʰerord]
achtste (bn)	ութերորդ	[útʰerord]
negende (bn)	իններորդ	[ínnerord]
tiende (bn)	տասներորդ	[tásnerord]

KLEUREN. MEETEENHEDEN

10. Kleuren

kleur (de)	գույն	[gujn]
tint (de)	երանգ	[eráng]
kleurnuance (de)	գունելերանգ	[guneráng]
regenboog (de)	ծիածան	[tsiatsán]
wit (bn)	սպիտակ	[spiták]
zwart (bn)	սև	[sev]
grijs (bn)	մոխրագույն	[moxragújn]
groen (bn)	կանաչ	[kanáč]
geel (bn)	դեղին	[deǵín]
rood (bn)	կարմիր	[karmír]
blauw (bn)	կապույտ	[kapújt]
lichtblauw (bn)	երկնագույն	[erknagújn]
roze (bn)	վարդագույն	[vardagújn]
oranje (bn)	նարնջագույն	[narndʒagújn]
violet (bn)	մանուշակագույն	[manušakagújn]
bruin (bn)	շագանակագույն	[šaganakagújn]
goud (bn)	ոսկե	[voské]
zilverkleurig (bn)	արծաթագույն	[artsatʰagújn]
beige (bn)	բեժ	[beʒ]
roomkleurig (bn)	կրեմագույն	[kremagújn]
turkoois (bn)	փիրուզագույն	[pʰiruzagújn]
kersrood (bn)	բալագույն	[balagújn]
lila (bn)	բաց մանուշակագույն	[batsʰ manušakagújn]
karmijnrood (bn)	մորեգույն	[moregújn]
licht (bn)	բաց	[batsʰ]
donker (bn)	մուգ	[mug]
fel (bn)	վառ	[var]
kleur-, kleurig (bn)	գունավոր	[gunavór]
kleuren- (abn)	գունավոր	[gunavór]
zwart-wit (bn)	սև ու սպիտակ	[sev u spiták]
eenkleurig (bn)	միագույն	[miagújn]
veelkleurig (bn)	գույնզգույն	[gujnzgújn]

11. Meeteenheden

gewicht (het)	քաշ	[kʰaš]
lengte (de)	երկարություն	[erkarutʰjún]

breedte (de)	լայնություն	[lajnutʰjún]
hoogte (de)	բարձրություն	[bardzrutʰjún]
diepte (de)	խորություն	[χorutʰjún]
volume (het)	ծավալ	[tsavál]
oppervlakte (de)	մակերես	[makerés]

gram (het)	գրամ	[gram]
milligram (het)	միլիգրամ	[miligrám]
kilogram (het)	կիլոգրամ	[kilográm]
ton (duizend kilo)	տոննա	[tónna]
pond (het)	ֆունտ	[funt]
ons (het)	ունցիա	[úntsʰia]

meter (de)	մետր	[metr]
millimeter (de)	միլիմետր	[milimétr]
centimeter (de)	սանտիմետր	[santimétr]
kilometer (de)	կիլոմետր	[kilométr]
mijl (de)	մղոն	[mġon]

duim (de)	դյույմ	[djujm]
voet (de)	ֆուտ	[futʰ]
yard (de)	յարդ	[jard]

vierkante meter (de)	քառակուսի մետր	[kʰarakusí métr]
hectare (de)	հեկտար	[hektár]

liter (de)	լիտր	[litr]
graad (de)	աստիճան	[astičán]
volt (de)	վոլտ	[volt]
ampère (de)	ամպեր	[ampér]
paardenkracht (de)	ձիաուժ	[dziaúʒ]

hoeveelheid (de)	քանակ	[kʰanák]
een beetje ...	մի փոքր ...	[mi pʰokʰr ...]
helft (de)	կես	[kes]
dozijn (het)	դյուժին	[djuʒín]
stuk (het)	հատ	[hat]

afmeting (de)	չափս	[čapʰs]
schaal (bijv. ~ van 1 op 50)	մասշտաբ	[masštáb]

minimaal (bn)	նվազագույն	[nvazagújn]
minste (bn)	փոքրագույն	[pʰokʰragújn]
medium (bn)	միջին	[midʒín]
maximaal (bn)	առավելագույն	[aravelagújn]
grootste (bn)	մեծագույն	[metsagújn]

12. Containers

glazen pot (de)	բանկա	[banká]
blik (conserven~)	տարա	[tará]
emmer (de)	դույլ	[dujl]
ton (bijv. regenton)	տակառ	[takár]
ronde waterbak (de)	թաս	[tʰas]

tank (bijv. watertank-70-ltr)	բաք	[bakʰ]
heupfles (de)	տափակաշիշ	[tapʰakašíš]
jerrycan (de)	թիթեղ	[tʰitʰéġ]
tank (bijv. ketelwagen)	ցիստեռն	[tsʰistérn]

beker (de)	գավաթ	[gavátʰ]
kopje (het)	բաժակ	[baʒák]
schoteltje (het)	պնակ	[pnak]
glas (het)	բաժակ	[baʒák]
wijnglas (het)	գավաթ	[gavátʰ]
pan (de)	կաթսա	[katʰsá]

fles (de)	շիշ	[šiš]
flessenhals (de)	բերան	[berán]

karaf (de)	գրաֆին	[grafín]
kruik (de)	սափոր	[sapʰór]
vat (het)	անօթ	[anótʰ]
pot (de)	կճուճ	[kčuč]
vaas (de)	վազա	[váza]

flacon (de)	սրվակ	[srvak]
flesje (het)	սրվակիկ	[srvakík]
tube (bijv. ~ tandpasta)	պարկուճ	[parkúč]

zak (bijv. ~ aardappelen)	պարկ	[park]
tasje (het)	տոպրակ	[toprák]
pakje (~ sigaretten, enz.)	տուփ	[tupʰ]

doos (de)	տուփ	[tupʰ]
kist (de)	դարակ	[darák]
mand (de)	զամբյուղ	[zambjúġ]

BELANGRIJKSTE WERKWOORDEN

13. De belangrijkste werkwoorden. Deel 1

aanbevelen (ww)	երաշխավորել	[erašχavorél]
aandringen (ww)	պնդել	[pndel]
aankomen (per auto, enz.)	ժամանել	[ʒamanél]
aanraken (ww)	ձեռք տալ	[dzérkʰ tal]
adviseren (ww)	խորհուրդ տալ	[χorhúrd tal]

afdalen (on.ww.)	իջնել	[idʒnél]
afslaan (naar rechts ~)	թեքվել	[tʰekʰvél]
antwoorden (ww)	պատասխանել	[patasχanél]
bang zijn (ww)	վախենալ	[vaχenál]
bedreigen (bijv. met een pistool)	սպառնալ	[sparnál]

bedriegen (ww)	խաբել	[χabél]
beëindigen (ww)	ավարտել	[avartél]
beginnen (ww)	սկսել	[sksel]
begrijpen (ww)	հասկանալ	[haskanál]
beheren (managen)	ղեկավարել	[ġekavarél]

beledigen (met scheldwoorden)	վիրավորել	[viravorél]
beloven (ww)	խոստանալ	[χostanál]
bereiden (koken)	պատրաստել	[patrastél]
bespreken (spreken over)	քննարկել	[kʰnnarkél]

bestellen (eten ~)	պատվիրել	[patvirél]
bestraffen (een stout kind ~)	պատժel	[patʒél]
betalen (ww)	վճարել	[včarél]
betekenen (beduiden)	նշանakel	[nšanakél]
betreuren (ww)	ափսոսal	[apʰsosál]

bevallen (prettig vinden)	դուր գal	[dur gal]
bevelen (mil.)	հրամայel	[hramajél]
bevrijden (stad, enz.)	ազատագրel	[azatagrél]
bewaren (ww)	պահպանel	[pahpanél]
bezitten (ww)	ունenal	[unenál]

bidden (praten met God)	աղոթel	[aġotʰél]
binnengaan (een kamer ~)	մտnel	[mtnel]
breken (ww)	կոտրel	[kotrél]
controleren (ww)	վերahskel	[verahskél]
creëren (ww)	ստեղծel	[steġtsél]

deelnemen (ww)	մասնakcel	[masnaktsʰél]
denken (ww)	մտatsel	[mtatsél]
doden (ww)	սպանel	[spanél]

| doen (ww) | անել | [anél] |
| dorst hebben (ww) | ուզենալ խմել | [uzenál χmel] |

14. De belangrijkste werkwoorden. Deel 2

een hint geven	ակնարկել	[aknarkél]
eisen (met klem vragen)	պահանջել	[pahandʒél]
existeren (bestaan)	գոյություն ունենալ	[gojutʰjún unenál]
gaan (te voet)	գնալ	[gnal]

gaan zitten (ww)	նստել	[nstel]
gaan zwemmen	լողալ	[loǵál]
geven (ww)	տալ	[tal]
glimlachen (ww)	ժպտալ	[ʒptal]
goed raden (ww)	գուշակել	[gušakél]

| grappen maken (ww) | կատակել | [katakél] |
| graven (ww) | փորել | [pʰorél] |

hebben (ww)	ունենալ	[unenál]
helpen (ww)	օգնել	[ognél]
herhalen (opnieuw zeggen)	կրկնել	[krknel]
honger hebben (ww)	ուզենալ ուտել	[uzenál utél]
hopen (ww)	հուսալ	[husál]
horen (waarnemen met het oor)	լսել	[lsel]

huilen (wenen)	լացել	[latsʰél]
huren (huis, kamer)	վարձել	[vardzél]
informeren (informatie geven)	տեղեկացնել	[teǵekatsʰnél]

instemmen (akkoord gaan)	համաձայնվել	[hamadzajnvél]
jagen (ww)	որս անել	[vors anél]
kennen (kennis hebben van iemand)	ճանաչել	[čanačél]
kiezen (ww)	ընտրել	[əntrél]
klagen (ww)	գանգատվել	[gangatvél]

kosten (ww)	արժենալ	[arʒenál]
kunnen (ww)	կարողանալ	[karoǵanál]
lachen (ww)	ծիծաղել	[tsitsaǵél]
laten vallen (ww)	վայր գցել	[vájr gtsʰel]
lezen (ww)	կարդալ	[kardál]

liefhebben (ww)	սիրել	[sirél]
lunchen (ww)	ճաշել	[čašél]
nemen (ww)	վերցնել	[vertsʰnél]
nodig zijn (ww)	պետք լինել	[pétkʰ linél]

15. De belangrijkste werkwoorden. Deel 3

| onderschatten (ww) | թերագնահատել | [tʰeragnahatél] |
| ondertekenen (ww) | ստորագրել | [storagrél] |

21

ontbijten (ww)	նախաճաշել	[naχačašél]
openen (ww)	բացել	[batsʰél]
ophouden (ww)	դադարեցնել	[dadaretsʰnél]
opmerken (zien)	նկատել	[nkatél]

opscheppen (ww)	պարծենալ	[partsenál]
opschrijven (ww)	գրառել	[grarél]
plannen (ww)	պլանավորել	[planavorél]
prefereren (verkiezen)	նախընտրել	[naχəntrél]
proberen (trachten)	փորձել	[pʰordzél]
redden (ww)	փրկել	[pʰrkel]

rekenen op ...	հույս դնել ... վրա	[hujs dnel ... vra]
rennen (ww)	վազել	[vazél]
reserveren (een hotelkamer ~)	ամրագրել	[amragrél]
roepen (om hulp)	կանչել	[kančél]
schieten (ww)	կրակել	[krakél]
schreeuwen (ww)	բղավել	[bġavél]

schrijven (ww)	գրել	[grel]
souperen (ww)	ընթրել	[əntʰrél]
spelen (kinderen)	խաղալ	[χaġál]
spreken (ww)	խոսել	[χosél]
stelen (ww)	գողանալ	[goġanál]
stoppen (pauzeren)	կանգ առնել	[káng arnél]

studeren (Nederlands ~)	ուսումնասիրել	[usumnasirél]
sturen (zenden)	ուղարկել	[uġarkél]
tellen (optellen)	հաշվել	[hašvél]
toebehoren aan ...	պատկանել	[patkanél]
toestaan (ww)	թույլատրել	[tʰujlatrél]
tonen (ww)	ցույց տալ	[tsʰújtsʰ tal]

twijfelen (onzeker zijn)	կասկածել	[kaskatsél]
uitgaan (ww)	դուրս գալ	[durs gal]
uitnodigen (ww)	հրավիրել	[hravirél]
uitspreken (ww)	արտասանել	[artasanél]
uitvaren tegen (ww)	կշտամբել	[kštambél]

16. De belangrijkste werkwoorden. Deel 4

vallen (ww)	ընկնել	[ənknél]
vangen (ww)	բռնել	[brnel]
veranderen (anders maken)	փոխել	[pʰoχél]
verbaasd zijn (ww)	զարմանալ	[zarmanál]
verbergen (ww)	թաքցնել	[tʰakʰtsʰnél]

verdedigen (je land ~)	պաշտպանել	[paštpanél]
verenigen (ww)	միավորել	[miavorél]
vergelijken (ww)	համեմատել	[hamematél]
vergeten (ww)	մոռանալ	[moranál]
vergeven (ww)	ներել	[nerél]
verklaren (uitleggen)	բացատրել	[batsʰatrél]

verkopen (per stuk ~)	վաճառել	[vačarél]
vermelden (praten over)	հիշատակել	[hišatakél]
versieren (decoreren)	զարդարել	[zardarél]
vertalen (ww)	թարգմանել	[tʰargmanél]

vertrouwen (ww)	վստահել	[vstahél]
vervolgen (ww)	շարունակել	[šarunakél]
verwarren (met elkaar ~)	շփոթել	[špʰotʰél]
verzoeken (ww)	խնդրել	[xndrel]
verzuimen (school, enz.)	բաց թողնել	[batsʰ tʰoġnél]

vinden (ww)	գտնել	[gtnel]
vliegen (ww)	թռչել	[tʰrčel]
volgen (ww)	գնալ ... հետևից	[gnal ... hetevítsʰ]
voorstellen (ww)	առաջարկել	[aradʒarkél]
voorzien (verwachten)	կանխատեսել	[kanxatesél]
vragen (ww)	հարցնել	[hartsʰnél]

waarnemen (ww)	հետևել	[hetevél]
waarschuwen (ww)	զգուշացնել	[zgušatsʰnél]
wachten (ww)	սպասել	[spasél]
weerspreken (ww)	հակաճառել	[hakačarél]
weigeren (ww)	հրաժարվել	[hraʒarvél]

werken (ww)	աշխատել	[ašxatél]
weten (ww)	իմանալ	[imanál]
willen (verlangen)	ուզենալ	[uzenál]
zeggen (ww)	ասել	[asél]
zich haasten (ww)	շտապել	[štapél]

zich interesseren voor ...	հետաքրքրվել	[hetakʰrkʰrvél]
zich vergissen (ww)	սխալվել	[sxalvél]
zich verontschuldigen	ներողություն խնդրել	[neroġutʰjún xndrél]
zien (ww)	տեսնել	[tesnél]

zijn (ww)	լինել	[linél]
zoeken (ww)	փնտրել	[pʰntrel]
zwemmen (ww)	լողալ	[loġál]
zwijgen (ww)	լռել	[lrel]

TIJD. KALENDER

17. Dagen van de week

maandag (de)	երկուշաբթի	[erkušabtʰí]
dinsdag (de)	երեքշաբթի	[erekʰšabtʰí]
woensdag (de)	չորեքշաբթի	[čorekʰšabtʰí]
donderdag (de)	հինգշաբթի	[hingšabtʰí]
vrijdag (de)	ուրբաթ	[urbátʰ]
zaterdag (de)	շաբաթ	[šabátʰ]
zondag (de)	կիրակի	[kirakí]

vandaag (bw)	այսոր	[ajsór]
morgen (bw)	վաղը	[vágə]
overmorgen (bw)	վաղը չէ մյուս օրը	[vágə čē mjus órə]
gisteren (bw)	երեկ	[erék]
eergisteren (bw)	նախանցյալ օրը	[naχantsʰjál órə]

dag (de)	օր	[or]
werkdag (de)	աշխատանքային օր	[ašχatankʰajín or]
feestdag (de)	տոնական օր	[tonakán or]
verlofdag (de)	հանգստյան օր	[hangstján ór]
weekend (het)	շաբաթ, կիրակի	[šabátʰ, kirakí]

de hele dag (bw)	ամբողջ օր	[ambóǵdž ór]
de volgende dag (bw)	մյուս օրը	[mjus órə]
twee dagen geleden	երկու օր առաջ	[erkú or arádž]
aan de vooravond (bw)	նախօրդ օրը	[naχórd órə]
dag-, dagelijks (bn)	ամենօրյա	[amenorjá]
elke dag (bw)	ամեն օր	[amén or]

week (de)	շաբաթ	[šabátʰ]
vorige week (bw)	անցյալ շաբաթ	[antsʰjál šabátʰ]
volgende week (bw)	հաջորդ շաբաթ	[hadžórt shabát]
wekelijks (bn)	շաբաթական	[šabatʰakán]
elke week (bw)	շաբաթական	[šabatʰakán]
twee keer per week	շաբաթը երկու անգամ	[šabátʰə erkú angám]
elke dinsdag	ամեն երեքշաբթի	[amén erekʰšabtʰí]

18. Uren. Dag en nacht

morgen (de)	առավոտ	[aravót]
's morgens (bw)	առավոտյան	[aravotján]
middag (de)	կեսօր	[kesór]
's middags (bw)	ճաշից հետո	[čašítsʰ hetó]

avond (de)	երեկո	[erekó]
's avonds (bw)	երեկոյան	[erekoján]

nacht (de)	գիշեր	[gišér]
's nachts (bw)	գիշերը	[gišérə]
middernacht (de)	կեսգիշեր	[kesgišér]

seconde (de)	վայրկյան	[vajrkján]
minuut (de)	րոպե	[ropé]
uur (het)	ժամ	[ʒam]
halfuur (het)	կես ժամ	[kes ʒam]
kwartier (het)	քառորդ ժամ	[kʰarórd ʒam]
vijftien minuten	տասնհինգ րոպե	[tasnhíng ropé]
etmaal (het)	օր	[or]

zonsopgang (de)	արևածագ	[arevatság]
dageraad (de)	արևածագ	[arevatság]
vroege morgen (de)	վաղ առավոտ	[vaǵ aravót]
zonsondergang (de)	մայրամուտ	[majramút]

's morgens vroeg (bw)	վաղ առավոտյան	[váǵ aravotján]
vanmorgen (bw)	այսօր առավոտյան	[ajsór aravotján]
morgenochtend (bw)	վաղը առավոտյան	[váǵə aravotján]

vanmiddag (bw)	այսօր ցերեկը	[ajsór tsʰerékə]
's middags (bw)	ճաշժ հետո	[čašítsʰ hetó]
morgenmiddag (bw)	վաղը ճաշժ հետո	[váǵə čašítsʰ hetó]

vanavond (bw)	այսօր երեկոյան	[ajsór erekoján]
morgenavond (bw)	վաղը երեկոյան	[váǵə erekoján]

klokslag drie uur	ուղիղ ժամը երեքին	[uǵíǵ ʒámə erekʰín]
ongeveer vier uur	մոտ ժամը չորսին	[mot ʒámə čorsín]
tegen twaalf uur	մոտ ժամը տասներկուսին	[mot ʒámə tasnerkusín]

over twintig minuten	քսան րոպեից	[kʰsán ropeítsʰ]
over een uur	մեկ ժամից	[mek ʒamítsʰ]
op tijd (bw)	ժամանակին	[ʒamanakín]

kwart voor ...	տասնհինգ պակաս	[tasnhíng pakás]
binnen een uur	մեկ ժամվա ընթացքում	[mek ʒamvá əntʰatsʰkʰúm]
elk kwartier	տասնհինգ րոպեն մեկ	[tasnhíng ropén mek]
de klok rond	ողջ օրը	[voǵdʒ órə]

19. Maanden. Seizoenen

januari (de)	հունվար	[hunvár]
februari (de)	փետրվար	[pʰetrvár]
maart (de)	մարտ	[mart]
april (de)	ապրիլ	[apríl]
mei (de)	մայիս	[majís]
juni (de)	հունիս	[hunís]

juli (de)	հուլիս	[hulís]
augustus (de)	օգոստոս	[ogostós]
september (de)	սեպտեմբեր	[septembér]
oktober (de)	հոկտեմբեր	[hoktembér]

november (de)	նոյեմբեր	[noembér]
december (de)	դեկտեմբեր	[dektembér]
lente (de)	գարուն	[garún]
in de lente (bw)	գարնանը	[garnánə]
lente- (abn)	գարնանային	[garnanajín]
zomer (de)	ամառ	[amár]
in de zomer (bw)	ամռանը	[amránə]
zomer-, zomers (bn)	ամարային	[amarajín]
herfst (de)	աշուն	[ašún]
in de herfst (bw)	աշնանը	[ašnánə]
herfst- (abn)	աշնանային	[ašnanajín]
winter (de)	ձմեռ	[dzmer]
in de winter (bw)	ձմռանը	[dzmránə]
winter- (abn)	ձմեռային	[dzmerajín]
maand (de)	ամիս	[amís]
deze maand (bw)	այս ամիս	[ajs amís]
volgende maand (bw)	մյուս ամիս	[mjús amís]
vorige maand (bw)	անցյալ ամիս	[antsʰjál amís]
een maand geleden (bw)	մեկ ամիս առաջ	[mek amís árádʒ]
over een maand (bw)	մեկ ամիս հետո	[mek amís hetó]
over twee maanden (bw)	երկու ամիս հետո	[erkú amís hetó]
de hele maand (bw)	ամբողջ ամիս	[ambóǵdʒ amís]
een volle maand (bw)	ողջ ամիս	[voǵdʒ amís]
maand-, maandelijks (bn)	ամսական	[amsakán]
maandelijks (bw)	ամեն ամիս	[amén amís]
elke maand (bw)	ամեն ամիս	[amén amís]
twee keer per maand	ամսական երկու անգամ	[amsakán erkú angám]
jaar (het)	տարի	[tarí]
dit jaar (bw)	այս տարի	[ajs tarí]
volgend jaar (bw)	մյուս տարի	[mjus tarí]
vorig jaar (bw)	անցյալ տարի	[antsʰjál tarí]
een jaar geleden (bw)	մեկ տարի առաջ	[mek tarí árádʒ]
over een jaar	մեկ տարի անց	[mek tarí ántsʰ]
over twee jaar	երկու տարի անց	[erkú tarí antsʰ]
het hele jaar	ամբողջ տարի	[ambóǵdʒ tarí]
een vol jaar	ողջ տարի	[voǵdʒ tarí]
elk jaar	ամեն տարի	[amén tarí]
jaar-, jaarlijks (bn)	տարեկան	[tarekán]
jaarlijks (bw)	ամեն տարի	[amén tarí]
4 keer per jaar	տարեկան չորս անգամ	[tarekán čórs angám]
datum (de)	ամսաթիվ	[amsatʰív]
datum (de)	ամսաթիվ	[amsatʰív]
kalender (de)	օրացույց	[oratsʰújtsʰ]
een half jaar	կես տարի	[kes tarí]
zes maanden	կիսամյակ	[kisamják]

seizoen (bijv. lente, zomer)	սեզոն	[sezón]
eeuw (de)	դար	[dar]

REIZEN. HOTEL

20. Trip. Reizen

toerisme (het)	զբոսաշրջություն	[zbosašrdʒutʰjún]
toerist (de)	զբոսաշրջիկ	[zbosašrdʒík]
reis (de)	ճանապարհորդություն	[čanaparhordutʰjún]
avontuur (het)	արկած	[arkáts]
tocht (de)	ուղևորություն	[uǵevorutʰjún]
vakantie (de)	արձակուրդ	[ardzakúrd]
met vakantie zijn	արձակուրդի մեջ լինել	[ardzakurdí médʒ linél]
rust (de)	հանգիստ	[hangíst]
trein (de)	գնացք	[gnatsʰkʰ]
met de trein	գնացքով	[gnatsʰkʰóv]
vliegtuig (het)	ինքնաթիռ	[inkʰnatʰír]
met het vliegtuig	ինքնաթիռով	[inkʰnatʰiróv]
met de auto	ավտոմեքենայով	[avtomekʰenajóv]
per schip (bw)	նավով	[navóv]
bagage (de)	ուղեբեռ	[uǵebér]
valies (de)	ճամպրուկ	[čamprúk]
bagagekarretje (het)	սայլակ	[sajlák]
paspoort (het)	անձնագիր	[andznagír]
visum (het)	վիզա	[víza]
kaartje (het)	տոմս	[toms]
vliegticket (het)	ավիատոմս	[aviatóms]
reisgids (de)	ուղեցույց	[uǵetsʰújtsʰ]
kaart (de)	քարտեզ	[kʰartéz]
gebied (landelijk ~)	տեղանք	[teǵánkʰ]
plaats (de)	տեղ	[teǵ]
exotische bestemming (de)	էկզոտիկա	[ēkzótika]
exotisch (bn)	էկզոտիկ	[ēkzotík]
verwonderlijk (bn)	զարմանահրաշ	[zarmanahráš]
groep (de)	խումբ	[χumb]
rondleiding (de)	էքսկուրսիա	[ēkʰskúrsia]
gids (de)	էքսկուրսավար	[ēkʰskursavár]

21. Hotel

hotel (het)	հյուրանոց	[hjuranótsʰ]
motel (het)	մոթել	[motʰél]
3-sterren	երեք աստղանի	[erékʰ astǵaní]

28

5-sterren	հինգ աստղանի	[hing astġaní]
overnachten (ww)	կանգ առնել	[káng arnél]

kamer (de)	համար	[hamár]
eenpersoonskamer (de)	մեկտեղանի համար	[mekteġaní hamár]
tweepersoonskamer (de)	երկտեղանի համար	[erkteġaní hamár]
een kamer reserveren	համար ամրագրել	[hamár amragrél]

halfpension (het)	կիսագիշերոթիկ	[kisagišerotʰík]
volpension (het)	լրիվ գիշերոթիկ	[lrív gišerotʰík]

met badkamer	լոգարանով	[logaranóv]
met douche	դուշով	[dušóv]
satelliet-tv (de)	արբանյակային հեռուստատեսություն	[arbanjakajín herustatesutʰjún]
airconditioner (de)	օդորակիչ	[odorakíč]
handdoek (de)	սրբիչ	[srbič]
sleutel (de)	բանալի	[banalí]

administrateur (de)	ադմինիստրատոր	[administrátor]
kamermeisje (het)	սպասավորուհի	[spasavoruhí]
piccolo (de)	բեռնակիր	[bernakír]
portier (de)	դռնապան	[drnapáh]

restaurant (het)	ռեստորան	[restorán]
bar (de)	բար	[bar]
ontbijt (het)	նախաճաշ	[naχačáš]
avondeten (het)	ընթրիք	[əntʰríkʰ]
buffet (het)	շվեդական սեղան	[švedakán seġán]

lift (de)	վերելակ	[verelák]
NIET STOREN	ՉԱՆՀԱՆԳՍՏԱՑՆԵԼ	[čanhangstatsʰnél]
VERBODEN TE ROKEN!	ՉԾԽԵԼ	[čtsχél!]

22. Bezienswaardigheden

monument (het)	արձան	[ardzán]
vesting (de)	ամրոց	[amrótsʰ]
paleis (het)	պալատ	[palát]
kasteel (het)	դղյակ	[dġjak]
toren (de)	աշտարակ	[aštarák]
mausoleum (het)	դամբարան	[dambarán]

architectuur (de)	ճարտարապետություն	[čartarapetutʰjún]
middeleeuws (bn)	միջնադարյան	[midʒnadarján]
oud (bn)	հինավուրց	[hinavúrtsʰ]
nationaal (bn)	ազգային	[azgajín]
bekend (bn)	հայտնի	[hajtní]

toerist (de)	զբոսաշրջիկ	[zbosašrdʒík]
gids (de)	գիդ	[gid]
rondleiding (de)	էքսկուրսիա	[ēkʰskúrsia]
tonen (ww)	ցույց տալ	[tsʰújtsʰ tal]
vertellen (ww)	պատմել	[patmél]

29

vinden (ww)	գտնել	[gtnel]
verdwalen (de weg kwijt zijn)	կորել	[korél]
plattegrond (~ van de metro)	սխեմա	[sχéma]
plattegrond (~ van de stad)	քարտեզ	[kʰartéz]

souvenir (het)	հուշանվեր	[hušanvér]
souvenirwinkel (de)	հուշանվերների խանութ	[hušanvernerí χanútʰ]
foto's maken	լուսանկարել	[lusankarél]
zich laten fotograferen	լուսանկարվել	[lusankarvél]

VERVOER

23. Vliegveld

luchthaven (de)	օդանավակայան	[odanavakaján]
vliegtuig (het)	ինքնաթիռ	[inkʰnatʰír]
luchtvaartmaatschappij (de)	ավիաընկերություն	[aviaənkerutʰjún]
luchtverkeersleider (de)	դիսպետչեր	[dispetčér]
vertrek (het)	թռիչք	[tʰričkʰ]
aankomst (de)	ժամանում	[ʒamanúm]
aankomen (per vliegtuig)	ժամանել	[ʒamanél]
vertrektijd (de)	թռիչքի ժամանակը	[tʰričkʰí ʒamanákə]
aankomstuur (het)	ժամանման ժամանակը	[ʒamanmán ʒamanákə]
vertraagd zijn (ww)	ուշանալ	[ušanál]
vluchtvertraging (de)	թռիչքի ուշացում	[tʰričkʰí ušatsʰúm]
informatiebord (het)	տեղեկատվական վահանակ	[teġekatvakán vahanák]
informatie (de)	տեղեկատվություն	[teġekatvutʰjún]
aankondigen (ww)	հայտարարել	[hajtararél]
vlucht (bijv. KLM ~)	ռեյս	[rejs]
douane (de)	մաքսատուն	[makʰsatún]
douanier (de)	մաքսավոր	[makʰsavór]
douaneaangifte (de)	հայտարարագիր	[hajtararagír]
een douaneaangifte invullen	հայտարարագիր լրացնել	[hajtararagír lratsʰnél]
paspoortcontrole (de)	անձնագրային ստուգում	[andznagrajín stugúm]
bagage (de)	ուղեբեռ	[uġebér]
handbagage (de)	ձեռքի ուղեբեռ	[dzerkʰí uġebér]
bagagekarretje (het)	սայլակ	[sajlák]
landing (de)	վայրէջք	[vajrĕdʒkʰ]
landingsbaan (de)	վայրէջքի ուղի	[vajrĕdʒkʰí uġí]
landen (ww)	վայրէջք կատարել	[vajrĕdʒkʰ katarél]
vliegtuigtrap (de)	օդանավասանդուղք	[odanavasandúgkʰ]
inchecken (het)	գրանցում	[grantsʰúm]
incheckbalie (de)	գրանցասեղան	[grantsʰaseġán]
inchecken (ww)	գրանցվել	[grantsʰvél]
instapkaart (de)	տեղակտրոն	[teġaktrón]
gate (de)	ելք	[elkʰ]
transit (de)	տարանցիկ չվերթ	[tarantsʰík čvertʰ]
wachten (ww)	սպասել	[spasél]
wachtzaal (de)	սպասասրահ	[spasasráh]
begeleiden (uitwuiven)	ճանապարհել	[čanaparhél]
afscheid nemen (ww)	հրաժշտ տալ	[hraʒĕšt tál]

31

24. Vliegtuig

vliegtuig (het)	ինքնաթիռ	[inkʰnatʰír]
vliegticket (het)	ավիատոմս	[aviatóms]
luchtvaartmaatschappij (de)	ավիաընկերություն	[aviaənkerutʰjún]
luchthaven (de)	օդանավակայան	[odanavakaján]
supersonisch (bn)	գերձայնային	[gerdzajnajín]

gezagvoerder (de)	օդանավի հրամանատար	[odanaví hramanatár]
bemanning (de)	անձնակազմ	[andznakázm]
piloot (de)	օդաչու	[odačú]
stewardess (de)	ուղեկցորդուհի	[uģektsʰorduhí]
stuurman (de)	ղեկապետ	[ģekapét]

vleugels (mv.)	թևեր	[tʰevér]
staart (de)	պոչ	[poč]
cabine (de)	խցիկ	[xtsʰik]
motor (de)	շարժիչ	[šarʒíč]
landingsgestel (het)	շասսի	[šassí]
turbine (de)	տուրբին	[turbín]

propeller (de)	պրոպելեր	[propellér]
zwarte doos (de)	սև արկղ	[sev árkģ]
stuur (het)	ղեկանիվ	[ģekaním]
brandstof (de)	վառելիք	[varelíkʰ]

veiligheidskaart (de)	ծեռնարկ	[dzernárk]
zuurstofmasker (het)	թթվածնային դիմակ	[tʰtʰvatsnajín dimák]
uniform (het)	համազգեստ	[hamazgést]
reddingsvest (de)	փրկագոտի	[pʰrkagotí]
parachute (de)	պարաշյուտ	[parašjút]

opstijgen (het)	թռիչք	[tʰričkʰ]
opstijgen (ww)	թռնել	[tʰrnel]
startbaan (de)	թռիչքուղի	[tʰričkʰuģí]

zicht (het)	տեսանելիություն	[tesaneliutʰjún]
vlucht (de)	թռիչք	[tʰričkʰ]
hoogte (de)	բարձրություն	[bardzrutʰjún]
luchtzak (de)	օդային փոս	[odajín pʰós]

plaats (de)	տեղ	[teģ]
koptelefoon (de)	ականջակալներ	[akandzakalnér]
tafeltje (het)	բացվող սեղանիկ	[batsʰvóg seģaník]
venster (het)	իլյումինատոր	[iljuminátor]
gangpad (het)	անցուղի	[antsʰuģí]

25. Trein

trein (de)	գնացք	[gnatsʰkʰ]
elektrische trein (de)	էլեկտրագնացք	[ēlektragnátsʰkʰ]
sneltrein (de)	արագընթաց գնացք	[aragəntʰátsʰ gnátsʰkʰ]
diesellocomotief (de)	ջերմաքարշ	[dʒermakʰárš]

stoomlocomotief (de)	շոգեքարշ	[šokekʰárš]
rijtuig (het)	վագոն	[vagón]
restauratierijtuig (het)	վագոն-ռեստորան	[vagón restorán]

rails (mv.)	գծեր	[gtser]
spoorweg (de)	երկաթգիծ	[erkatʰgíts]
dwarsligger (de)	կոճ	[koč]

perron (het)	կառամատույց	[karamatújtsʰ]
spoor (het)	ուղի	[uǵí]
semafoor (de)	նշանասյուն	[nšanasjún]
halte (bijv. kleine treinhalte)	կայարան	[kajarán]

machinist (de)	մեքենավար	[mekʰenavár]
kruier (de)	բեռնակիր	[bernakír]
conducteur (de)	ուղեկից	[uǵekítsʰ]
passagier (de)	ուղևոր	[uǵevór]
controleur (de)	հսկիչ	[hskič]

gang (in een trein)	միջանցք	[midʒántsʰkʰ]
noodrem (de)	ավտոմատ կանգառման սարք	[avtomát kangarmán sárkʰ]

coupé (de)	կուպե	[kupé]
bed (slaapplaats)	մահճակ	[mahčák]
bovenste bed (het)	վերևի մահճակատեղ	[vereví mahčakatéǵ]
onderste bed (het)	ներքևի մահճակատեղ	[nerkʰeví mahčakatéǵ]
beddengoed (het)	անկողին	[ankoǵín]

kaartje (het)	տոմս	[toms]
dienstregeling (de)	չվացուցակ	[čvatsʰutsʰák]
informatiebord (het)	ցուցատախտակ	[tsʰutsʰataχták]

vertrekken (De trein vertrekt ...)	մեկնել	[meknél]
vertrek (ov. een trein)	մեկնում	[meknúm]
aankomen (ov. de treinen)	ժամանել	[ʒamanél]
aankomst (de)	ժամանում	[ʒamanúm]

aankomen per trein	ժամանել գնացքով	[ʒamanél gnatsʰkʰóv]
in de trein stappen	գնացք նստել	[gnátsʰkʰ nstel]
uit de trein stappen	գնացքից իջնել	[gnatsʰkʰítsʰ idʒnél]

treinwrak (het)	խորտակում	[χortakúm]
stoomlocomotief (de)	շոգեքարշ	[šokekʰárš]
stoker (de)	հնոցապան	[hnotsʰapán]
stookplaats (de)	վառարան	[vararán]
steenkool (de)	ածուխ	[atsúχ]

26. Schip

schip (het)	նավ	[nav]
vaartuig (het)	նավ	[nav]
stoomboot (de)	շոգենավ	[šogenáv]

motorschip (het)	շերմանավ	[dʒermanáv]
lijnschip (het)	լայներ	[lájner]
kruiser (de)	հածանավ	[hatsanáv]
jacht (het)	զբոսանավ	[zbosanáv]
sleepboot (de)	նավակարշ	[navakʰárš]
duwbak (de)	բեռնանավ	[bernanáv]
ferryboot (de)	լաստանավ	[lastanáv]
zeilboot (de)	առագաստանավ	[aragastanáv]
brigantijn (de)	բրիգանտինա	[brigantína]
ijsbreker (de)	սառցահատ	[sartsʰapát]
duikboot (de)	սուզանավ	[suzanáv]
boot (de)	նավակ	[navák]
sloep (de)	մակույկ	[makújk]
reddingssloep (de)	փրկարարական մակույկ	[pʰrkararakán makújk]
motorboot (de)	մոտորանավակ	[motoranavák]
kapitein (de)	նավապետ	[navapét]
zeeman (de)	նավաստի	[navastí]
matroos (de)	ծովային	[tsovajín]
bemanning (de)	անձնակազմ	[andznakázm]
bootsman (de)	բոցման	[botsʰmán]
scheepsjongen (de)	նավի փոքրավոր	[naví pʰokʰravór]
kok (de)	նավի խոհարար	[naví χoharár]
scheepsarts (de)	նավի բժիշկ	[naví bʒíšk]
dek (het)	տախտակամած	[taχtakamáts]
mast (de)	կայմ	[kajm]
zeil (het)	առագաստ	[aragást]
ruim (het)	նավամբար	[navambár]
voorsteven (de)	նավակիթ	[navakʰítʰ]
achtersteven (de)	նավախել	[navaχél]
roeispaan (de)	թիակ	[tʰiak]
schroef (de)	պտուտակ	[pturák]
kajuit (de)	նավասենյակ	[navasenják]
officierskamer (de)	ընդհանուր նավասենյակ	[əndhanúr navasenják]
machinekamer (de)	մեքենաների բաժանմունք	[mekenaneri baʒanmúnkʰ]
brug (de)	նավապետի կամրջակ	[navapetí kamrdʒák]
radiokamer (de)	ռադիոխցիկ	[radioχtsʰík]
radiogolf (de)	ալիք	[alíkʰ]
logboek (het)	նավամատյան	[navamatján]
verrekijker (de)	հեռադիտակ	[heraditák]
klok (de)	զանգ	[zang]
vlag (de)	դրոշ	[droš]
kabel (de)	ճոպան	[čopán]
knoop (de)	հանգույց	[hangújtsʰ]
leuning (de)	բռնածո	[brnadzóǵ]
trap (de)	նավասանդուղք	[navasandúǵkʰ]

anker (het)	խարիսխ	[xarísx]
het anker lichten	խարիսխը բարձրացնել	[xarísxə bardzratsʰnél]
het anker neerlaten	խարիսխը գցել	[xarísxə gtsʰél]
ankerketting (de)	խարսխաշղթա	[xarsxašǵtʰá]

haven (bijv. containerhaven)	նավահանգիստ	[navahangíst]
kaai (de)	նավամատույց	[navamatújtsʰ]
aanleggen (ww)	կառանել	[karanél]
wegvaren (ww)	մեկնել	[meknél]

reis (de)	ճանապարհորդություն	[čanaparhordutʰjún]
cruise (de)	ծովագնացություն	[tsovagnatsʰutʰjún]
koers (de)	ուղղություն	[uǵutʰjún]
route (de)	երթուղի	[ertʰuǵí]

vaarwater (het)	նավարկուղի	[navarkuǵí]
zandbank (de)	ծանծաղուտ	[tsantsaǵút]
stranden (ww)	ծանծաղուտ ընկնել	[tsantsaǵút ənknél]

storm (de)	փոթորիկ	[pʰotʰorík]
signaal (het)	ազդանշան	[azdanšán]
zinken (ov. een boot)	խորտակվել	[xortakvél]
SOS (noodsignaal)	SOS	[sos]
reddingsboei (de)	փրկագոտի	[pʰrkagotí]

STAD

27. Stedelijk vervoer

bus, autobus (de)	ավտոբուս	[avtobús]
tram (de)	տրամվայ	[tramváj]
trolleybus (de)	տրոլեյբուս	[trolejbús]
route (de)	ուղի	[uǵí]
nummer (busnummer, enz.)	համար	[hamár]

rijden met ...	... ով գնալ	[... ov gnal]
stappen (in de bus ~)	նստել	[nstel]
afstappen (ww)	իջնել	[idʒnél]

halte (de)	կանգառ	[kangár]
volgende halte (de)	հաջորդ կանգառ	[hadʒórd kangár]
eindpunt (het)	վերջին կանգառ	[verdʒín kangár]
dienstregeling (de)	ժամանակացույց	[ʒamanakatsʰújtsʰ]
wachten (ww)	սպասել	[spasél]

kaartje (het)	տոմս	[toms]
reiskosten (de)	տոմսի արժեքը	[tomsí arʒékʰə]
kassier (de)	տոմսավաճառ	[tomsavačár]
kaartcontrole (de)	ստուգում	[stugúm]
controleur (de)	հսկիչ	[hskič]

te laat zijn (ww)	ուշանալ	[ušanál]
missen (de bus ~)	ուշանալ ... ից	[ušanál ... ítsʰ]
zich haasten (ww)	շտապել	[štapél]

taxi (de)	տաքսի	[taksí]
taxichauffeur (de)	տաքսու վարորդ	[taksú varórd]
met de taxi (bw)	տաքսիով	[taksióv]
taxistandplaats (de)	տաքսիների կայան	[taksinerí kaján]
een taxi bestellen	տաքսի կանչել	[taksí kančél]
een taxi nemen	տաքսի վերցնել	[taksí vertsʰnél]

verkeer (het)	ճանապարհային երթևեկություն	[čanaparhajín ertʰevekutʰjún]
file (de)	խցանում	[xtsʰanúm]
spitsuur (het)	պիկ ժամ	[pík ʒám]
parkeren (on.ww.)	կանգնեցնել	[kangnetsʰnél]
parkeren (ov.ww.)	կանգնեցնել	[kangnetsʰnél]
parking (de)	ավտոկայան	[avtokaján]

metro (de)	մետրո	[metró]
halte (bijv. kleine treinhalte)	կայարան	[kajarán]
de metro nemen	մետրոյով գնալ	[metrojóv gnal]
trein (de)	գնացք	[gnatsʰkʰ]
station (treinstation)	կայարան	[kajarán]

28. Stad. Het leven in de stad

Nederlands	Armeens	Transcriptie
stad (de)	քաղաք	[kaġakʰ]
hoofdstad (de)	մայրաքաղաք	[majrakaġakʰ]
dorp (het)	գյուղ	[gjuġ]
plattegrond (de)	քաղաքի հատակագիծ	[kʰaġakʰí hatakagíts]
centrum (ov. een stad)	քաղաքի կենտրոն	[kʰaġakʰí kentrón]
voorstad (de)	արվարձան	[arvardzán]
voorstads- (abn)	մերձքաղաքային	[merdzkʰaġakʰajín]
randgemeente (de)	ծայրամաս	[tsajramás]
omgeving (de)	շրջակայք	[šrdʒakájkʰ]
blok (huizenblok)	քաղամաս	[tʰaġamás]
woonwijk (de)	բնակելի քաղամաս	[bnakelí tʰaġamás]
verkeer (het)	երթևեկություն	[ertʰevekutʰjún]
verkeerslicht (het)	լուսակիր	[lusakír]
openbaar vervoer (het)	քաղաքային տրանսպորտ	[kʰaġakʰajín transpórt]
kruispunt (het)	խաչմերուկ	[χačmerúk]
zebrapad (oversteekplaats)	անցում	[antsʰúm]
onderdoorgang (de)	գետնանցում	[getnantsʰúm]
oversteken (de straat ~)	անցնել	[antsʰnél]
voetganger (de)	հետիոտն	[hetiótn]
trottoir (het)	մայթ	[majtʰ]
brug (de)	կամուրջ	[kamúrdʒ]
dijk (de)	առափնյա փողոց	[arapʰnjá pʰoġótsʰ]
fontein (de)	շատրվան	[šatrván]
allee (de)	ծառուղի	[tsaruġí]
park (het)	զբոսայգի	[zbosajgí]
boulevard (de)	բուլվար	[bulvár]
plein (het)	հրապարակ	[hraparák]
laan (de)	պողոտա	[poġóta]
straat (de)	փողոց	[pʰoġótsʰ]
zijstraat (de)	նրբանցք	[nrbantsʰkʰ]
doodlopende straat (de)	փակուղի	[pʰakuġí]
huis (het)	տուն	[tun]
gebouw (het)	շենք	[šenkʰ]
wolkenkrabber (de)	երկնաքեր	[erknakʰér]
gevel (de)	ճակատամաս	[čakatamás]
dak (het)	տանիք	[taníkʰ]
venster (het)	պատուհան	[patuhán]
boog (de)	կամար	[kamár]
pilaar (de)	սյուն	[sjun]
hoek (ov. een gebouw)	անկյուն	[ankjún]
vitrine (de)	ցուցափեղկ	[tsʰutsʰapʰéġk]
gevelreclame (de)	ցուցանակ	[tsʰutsʰanák]
affiche (de/het)	ազդագիր	[azdagír]
reclameposter (de)	գովազդային ձգապաստառ	[govazdajín dzgapastár]

aanplakbord (het)	գովազդային վահանակ	[govazdajín vahanák]
vuilnis (de/het)	աղբ	[aġb]
vuilnisbak (de)	աղբաման	[aġbamán]
afval weggooien (ww)	աղբոտել	[aġbotél]
stortplaats (de)	աղբավայր	[aġbavájr]

telefooncel (de)	հեռախոսախցիկ	[heraχosaχtshík]
straatlicht (het)	լապտերասյուն	[lapterasjún]
bank (de)	նստարան	[nstarán]

politieagent (de)	ոստիկան	[vostikán]
politie (de)	ոստիկանություն	[vostikanuthjún]
zwerver (de)	մուրացկան	[muratshkán]
dakloze (de)	անօթևան մարդ	[anotheván márd]

29. Stedelijke instellingen

winkel (de)	խանութ	[χanúth]
apotheek (de)	դեղատուն	[deġatún]
optiek (de)	օպտիկա	[óptika]
winkelcentrum (het)	առևտրի կենտրոն	[arevtrí kentrón]
supermarkt (de)	սուպերմարքեթ	[supermarkhéth]

bakkerij (de)	հացաբուլկեղենի խանութ	[hatshabulkeġení χanúth]
bakker (de)	հացթուխ	[hatshthúχ]
banketbakkerij (de)	հրուշակեղենի խանութ	[hrušakeġení χanúth]
kruidenier (de)	նպարեղենի խանութ	[npareġení χanúth]
slagerij (de)	մսի խանութ	[msi χanúth]

| groentewinkel (de) | բանջարեղենի կրպակ | [bandʒareġení krpák] |
| markt (de) | շուկա | [šuká] |

koffiehuis (het)	սրճարան	[srčarán]
restaurant (het)	ռեստորան	[restorán]
bar (de)	գարեջրատուն	[garedʒratún]
pizzeria (de)	պիցցերիա	[pitshería]

kapperssalon (de/het)	վարսավիրանոց	[varsaviranótsh]
postkantoor (het)	փոստ	[phost]
stomerij (de)	քիմմաքրման կետ	[khimmakhrmán két]
fotostudio (de)	ֆոտոսրահ	[fotosráh]

schoenwinkel (de)	կոշիկի սրահ	[košikí sráh]
boekhandel (de)	գրախանութ	[graχanúth]
sportwinkel (de)	սպորտային խանութ	[sportajín χanúth]

kledingreparatie (de)	հագուստի վերանորոգում	[hagustí veranorogúm]
kledingverhuur (de)	հագուստի վարձույթ	[hagustí vardzújth]
videotheek (de)	տեսաֆիլմերի վարձույթ	[tesafilmerí vardzújth]

circus (de/het)	կրկես	[krkes]
dierentuin (de)	կենդանաբանական այգի	[kendanabanakán ajgí]
bioscoop (de)	կինոթատրոն	[kinothatrón]
museum (het)	թանգարան	[thangarán]

bibliotheek (de)	գրադարան	[gradarán]
theater (het)	թատրոն	[tʰatrón]
opera (de)	օպերա	[operá]
nachtclub (de)	գիշերային ակումբ	[gišerajín akúmb]
casino (het)	խաղատուն	[χaġatún]

moskee (de)	մզկիթ	[mzkitʰ]
synagoge (de)	սինագոգ	[sinagóg]
kathedraal (de)	տաճար	[tačár]
tempel (de)	տաճար	[tačár]
kerk (de)	եկեղեցի	[ekeġetsʰí]

instituut (het)	ինստիտուտ	[institút]
universiteit (de)	համալսարան	[hamalsarán]
school (de)	դպրոց	[dprotsʰ]

gemeentehuis (het)	ոստիկանապետություն	[vostikanapetutʰjún]
stadhuis (het)	քաղաքապետարան	[kʰaġakapetarán]
hotel (het)	հյուրանոց	[hjuranótsʰ]
bank (de)	բանկ	[bank]

ambassade (de)	դեսպանատուն	[despanatún]
reisbureau (het)	տուրիստական գործակալություն	[turistakán gortsakalutʰjún]
informatieloket (het)	տեղեկատվական բյուրո	[teġekatvakán bjuró]
wisselkantoor (het)	փոխանակման կետ	[pʰoχanakmán két]

metro (de)	մետրո	[metró]
ziekenhuis (het)	հիվանդանոց	[hivandanótsʰ]

benzinestation (het)	բենզալցակայան	[benzaltsʰakaján]
parking (de)	ավտոկայան	[avtokaján]

30. Borden

gevelreclame (de)	ցուցանակ	[tsʰutsʰanák]
opschrift (het)	ցուցագիր	[tsʰutsʰagír]
poster (de)	ձգապաստառ	[dzgapastár]
wegwijzer (de)	ուղեցույց	[uġetsʰújtsʰ]
pijl (de)	սլաք	[slakʰ]

waarschuwing (verwittiging)	նախազգուշացում	[naχazgušatsʰúm]
waarschuwingsbord (het)	զգուշացում	[zgušatsʰúm]
waarschuwen (ww)	զգուշացնել	[zgušatsʰnél]

vrije dag (de)	հանգստյան օր	[hangstján ór]
dienstregeling (de)	ժամանակացույց	[ʒamanakatsʰújtsʰ]
openingsuren (mv.)	աշխատանքային ժամեր	[ašχatankʰajín ʒamér]

WELKOM!	ԲԱՐԻ ԳԱԼՈՒՍՏ	[barí galúst!]
INGANG	ՄՈՒՏՔ	[mutkʰ]
UITGANG	ԵԼՔ	[elkʰ]
DUWEN	ԴԵՊԻ ԴՈՒՐՍ	[depí durs]
TREKKEN	ԴԵՊԻ ՆԵՐՍ	[dépi ners]

| OPEN | ԲԱՑ Է | [batsʰ ē] |
| GESLOTEN | ՓԱԿ Է | [pʰak ē] |

| DAMES | ԿԱՆԱՆՑ ՀԱՄԱՐ | [kanántsʰ hamár] |
| HEREN | ՏՂԱՄԱՐԴԿԱՆՑ ՀԱՄԱՐ | [tġamardkántsʰ hamár] |

KORTING	ԶԵՂՉԵՐ	[zeġčér]
UITVERKOOP	Ի ՍՊԱՌ ՎԱՃԱՌՔ	[i spar vačárkʰ]
NIEUW!	ՆՈՐՈՒԹՅ	[norújtʰ!]
GRATIS	ԱՆՎՃԱՐ	[anvčár]

PAS OP!	ՈՒՇԱԴՐՈՒԹՅՈՒՆ	[ušadrutʰjún!]
VOLGEBOEKT	ՏԵՂԵՐ ՉԿԱՆ	[teġér čkan]
GERESERVEERD	ՊԱՏՎԻՐՎԱԾ Է	[patvirváts ē]

ADMINISTRATIE	ԱԴՄԻՆԻՍՏՐԱՑԻԱ	[administrátsʰia]
ALLEEN VOOR	ՄԻԱՅՆ ԱՇԽԱՏԱԿԻՑՆԵՐԻ	[miájn ašχatakitsʰnerí
PERSONEEL	ՀԱՄԱՐ	hamár]

GEVAARLIJKE HOND	ԿԱՍԱՂԻ ՇՈՒՆ	[kataġí šun]
VERBODEN TE ROKEN!	ՉԾԽԵԼ	[čtsχél!]
NIET AANRAKEN!	ՉԵՌՔ ՉՏԱԼ	[dzerkʰ čtal]

GEVAARLIJK	ՎՏԱՆԳԱՎՈՐ Է	[vtangavór ē]
GEVAAR	ՎՏԱՆԳԱՎՈՐ Է	[vtangavór ē]
HOOGSPANNING	ԲԱՐՁՐ ԼԱՐՈՒՄ	[bárdzr larúm]
VERBODEN TE ZWEMMEN	ԼՈՂԱԼՆ ԱՐԳԵԼՎՈՒՄ Է	[loġáln argelvúm ē]
BUITEN GEBRUIK	ՉԻ ԱՇԽԱՏՈՒՄ	[či ašχatúm]

ONTVLAMBAAR	ՀՐԱՎՏԱՆԳԱՎՈՐ Է	[hravtangavór ē]
VERBODEN	ԱՐԳԵԼՎԱԾ Է	[argelváts ē]
DOORGANG VERBODEN	ԱՆՑՆԵԼՆ ԱՐԳԵԼՎԱԾ Է	[antsʰnéln argelváts ē]
OPGELET PAS GEVERFD	ՆԵՐԿՎԱԾ Է	[nerkváts ē]

31. Winkelen

kopen (ww)	գնել	[gnel]
aankoop (de)	գնում	[gnum]
winkelen (ww)	գնումներ կատարել	[gnumnér katarél]
winkelen (het)	գնումներ	[gnumnér]

| open zijn (ov. een winkel, enz.) | աշխատել | [ašχatél] |
| gesloten zijn (ww) | փակվել | [pʰakvél] |

schoeisel (het)	կոշիկ	[košík]
kleren (mv.)	հագուստ	[hagúst]
cosmetica (mv.)	կոսմետիկա	[kosmétika]
voedingswaren (mv.)	մթերքներ	[mtʰerkʰnér]
geschenk (het)	նվեր	[nver]

verkoper (de)	վաճառող	[vačaróġ]
verkoopster (de)	վաճառողուհի	[vačaroġuhí]
kassa (de)	դրամարկղ	[dramárkġ]

spiegel (de)	հայելի	[hajelí]
toonbank (de)	վաճառասեղան	[vačaraseǵán]
paskamer (de)	հանդերձարան	[handerdzarán]
aanpassen (ww)	փորձել	[pʰordzél]
passen (ov. kleren)	սազել	[sazél]
bevallen (prettig vinden)	դուր գալ	[dur gal]
prijs (de)	գին	[gin]
prijskaartje (het)	գնապիտակ	[gnapiták]
kosten (ww)	արժենալ	[arӡenál]
Hoeveel?	Որքա՞ն արժե	[vorkʰán arӡé?]
korting (de)	զեղչ	[zeǵč]
niet duur (bn)	ոչ թանկ	[voč tʰank]
goedkoop (bn)	էժան	[ēӡán]
duur (bn)	թանկ	[tʰank]
Dat is duur.	Սա թանկ է	[sa tʰánk ē]
verhuur (de)	վարձույթ	[vardzújtʰ]
huren (smoking, enz.)	վարձել	[vardzél]
krediet (het)	վարկ	[vark]
op krediet (bw)	վարկով	[varkóv]

KLEDING EN ACCESSOIRES

32. Bovenkleding. Jassen

kleren (mv.)	հագուստ	[hagúst]
bovenkleding (de)	վերնաqqեստ	[vernazgést]
winterkleding (de)	ձմեռային հագուստ	[dzmerajín hagúst]

jas (de)	վերարկու	[verarkú]
bontjas (de)	մուշտակ	[mušták]
bontjasje (het)	կիսամուշտակ	[kisamušták]
donzen jas (de)	բմբուլե բաձկոն	[bmbulé bačkón]

jasje (bijv. een leren ~)	բաձկոն	[bačkón]
regenjas (de)	թիկնոց	[tʰiknótsʰ]
waterdicht (bn)	անջրանցիկ	[andʒrantsʰík]

33. Heren & dames kleding

overhemd (het)	վերնաշապիկ	[vernašapík]
broek (de)	տաբատ	[tabát]
jeans (de)	ջինսեր	[dʒinsér]
colbert (de)	պիջակ	[pidʒák]
kostuum (het)	կոստյում	[kostjúm]

jurk (de)	զգեստ	[zgest]
rok (de)	շրջազգեստ	[šrdʒazgést]
blouse (de)	բլուզ	[bluz]
wollen vest (de)	կոֆտա	[koftá]
blazer (kort jasje)	ժակետ	[ʒakét]

T-shirt (het)	մարզաշապիկ	[marzašapík]
shorts (mv.)	կարճ տաբատ	[karč tabát]
trainingspak (het)	մարզազգեստ	[marzazgést]
badjas (de)	խալաթ	[xalátʰ]
pyjama (de)	ննջազգեստ	[nndʒazgést]
sweater (de)	սվիտեր	[svitér]
pullover (de)	պուլովեր	[pulóver]

gilet (het)	բաձկոնակ	[bačkonák]
rokkostuum (het)	ֆրակ	[frak]
smoking (de)	սմոկինգ	[smóking]

uniform (het)	համազգեստ	[hamazgést]
werkkleding (de)	աշխատանքային համազգեստ	[ašxatankʰajín hamazgést]

overall (de)	կոմբինեզոն	[kombinezón]
doktersjas (de)	խալաթ	[xalátʰ]

34. Kleding. Ondergoed

ondergoed (het)	ներքնազգեստ	[nerkʰnazgést]
onderhemd (het)	ներքնաշապիկ	[nerkʰnašapík]
sokken (mv.)	կիսագուլպա	[kisagulpá]

nachthemd (het)	գիշերանոց	[gišeranótsʰ]
beha (de)	կրծկալ	[krtskʰákal]
kniekousen (mv.)	կարճ գուլպաներ	[karč gulpanér]
panty (de)	զուգագուլպա	[zugagulpá]
nylonkousen (mv.)	գուլպաներ	[gulpanér]
badpak (het)	լողազգեստ	[loġazgést]

35. Hoofddeksels

hoed (de)	գլխարկ	[glxark]
deukhoed (de)	եզրավոր գլխարկ	[ezravór glxárk]
honkbalpet (de)	մարզագլխարկ	[marzaglxárk]
kleppet (de)	կեպի	[képi]

baret (de)	բերետ	[berét]
kap (de)	գլխանոց	[glxanótsʰ]
panamahoed (de)	պանամա	[panáma]
gebreide muts (de)	գործած գլխարկ	[gortsáts glxárk]

hoofddoek (de)	գլխաշոր	[glxašór]
dameshoed (de)	գլխարկիկ	[glxarkík]

veiligheidshelm (de)	սաղավարտ	[saġavárt]
veldmuts (de)	պիլոտկա	[pilótka]
helm, valhelm (de)	սաղավարտ	[saġavárt]

bolhoed (de)	կոտելոկ	[kotelók]
hoge hoed (de)	գլանագլխարկ	[glanaglxárk]

36. Schoeisel

schoeisel (het)	կոշիկ	[košík]
schoenen (mv.)	ճտքավոր կոշիկներ	[čtkʰavór košiknér]
vrouwenschoenen (mv.)	կոշիկներ	[košiknér]
laarzen (mv.)	երկարաճիտ կոշիկներ	[erkaračít košiknér]
pantoffels (mv.)	հողաթափեր	[hoġatʰapʰér]

sportschoenen (mv.)	բոթասներ	[botʰasnér]
sneakers (mv.)	մարզական կոշիկներ	[marzakán košiknér]
sandalen (mv.)	սանդալներ	[sandalnér]

schoenlapper (de)	կոշկակար	[koškakár]
hiel (de)	կրունկ	[krunk]
paar (een ~ schoenen)	զույգ	[zujg]
veter (de)	կոշկակապ	[koškakáp]

43

rijgen (schoenen ~)	կոշկակապել	[koškakapél]
schoenlepel (de)	թիակ	[tʰiak]
schoensmeer (de/het)	կոշիկի քսուք	[košikí ksúkʰ]

37. Persoonlijke accessoires

handschoenen (mv.)	ձեռնոցներ	[dzernotsʰnér]
wanten (mv.)	ձեռնոց	[dzernótsʰ]
sjaal (fleece ~)	շարֆ	[šarf]

bril (de)	ակնոց	[aknótsʰ]
brilmontuur (het)	շրջանակ	[šrdʒanák]
paraplu (de)	հովանոց	[hovanótsʰ]
wandelstok (de)	ձեռնափայտ	[dzernapʰájt]
haarborstel (de)	մազերի խոզանակ	[mazerí χozanák]
waaier (de)	հովհար	[hovhár]

das (de)	փողկապ	[pʰoġkáp]
strikje (het)	փողկապ-թիթեռնիկ	[pʰoġkáp tʰitʰerník]
bretels (mv.)	տաբատակալ	[tabatakál]
zakdoek (de)	թաշկինակ	[tʰaškinák]

kam (de)	սանր	[sanr]
haarspeldje (het)	մազակալ	[mazakál]
schuifspeldje (het)	ծամկալ	[tsamkál]
gesp (de)	ճարմանդ	[čarmánd]

broekriem (de)	գոտի	[gotí]
draagriem (de)	փոկ	[pʰok]

handtas (de)	պայուսակ	[pajusák]
damestas (de)	կանացի պայուսակ	[kanatsʰí pajusák]
rugzak (de)	ուղեպարկ	[uġepárk]

38. Kleding. Diversen

mode (de)	նորաձևություն	[noradzevutʰjún]
de mode (bn)	նորաձև	[noradzév]
kledingstilist (de)	մոդելեր	[modelér]

kraag (de)	օձիք	[odzíkʰ]
zak (de)	գրպան	[grpan]
zak- (abn)	գրպանի	[grpaní]
mouw (de)	թև	[tʰevkʰ]
lusje (het)	կախիչ	[kaχíč]
gulp (de)	լայնույթ	[lajnújtʰ]

rits (de)	կայծակաճարմանդ	[kajtsaka čarmánd]
sluiting (de)	ճարմանդ	[čarmánd]
knoop (de)	կոճակ	[kočák]
knoopsgat (het)	հանգույց	[hangújtsʰ]
losraken (bijv. knopen)	պոկվել	[pokvél]

naaien (kleren, enz.)	կարել	[karél]
borduren (ww)	ասեղնագործել	[aseġnagortsél]
borduursel (het)	ասեղնագործություն	[aseġnagortsutʰjún]
naald (de)	ասեղ	[aséġ]
draad (de)	թել	[tʰel]
naad (de)	կար	[kar]

vies worden (ww)	կեղտոտվել	[keġtotvél]
vlek (de)	բիծ	[bits]
gekreukt raken (ov. kleren)	ճմրթվել	[čmrtʰel]
scheuren (ov.ww.)	ճղվել	[čġvel]
mot (de)	ցեց	[tsʰetsʰ]

39. Persoonlijke verzorging. Schoonheidsmiddelen

tandpasta (de)	ատամի մածուկ	[atamí matsúk]
tandenborstel (de)	ատամի խոզանակ	[atamí χozanák]
tanden poetsen (ww)	ատամները մաքրել	[atamnére makʰrél]

scheermes (het)	ածելի	[atselí]
scheerschuim (het)	սափրվելու կրեմ	[sapʰrvelú krem]
zich scheren (ww)	սափրվել	[sapʰrvél]

zeep (de)	օճառ	[očár]
shampoo (de)	շամպուն	[šampún]

schaar (de)	մկրատ	[mkrat]
nagelvijl (de)	խարտոց	[χartótsʰ]
nagelknipper (de)	ունելիք	[unelíkʰ]
pincet (het)	ունելի	[unelí]

cosmetica (mv.)	կոսմետիկա	[kosmétika]
masker (het)	դիմակ	[dimák]
manicure (de)	մանիկյուր	[manikjúr]
manicure doen	մատնահարդարում	[matnahardarúm]
pedicure (de)	պեդիկյուր	[pedikjúr]

cosmetica tasje (het)	կոսմետիկայի պայուսակ	[kosmetikají pajusák]
poeder (de/het)	դիմափոշի	[dimapʰoší]
poederdoos (de)	դիմափոշու աման	[dimapʰošú amán]
rouge (de)	կարմրաներկ	[karmranérk]

parfum (de/het)	օծանելիք	[otsanelíkʰ]
eau de toilet (de)	անուշահոտ ջուր	[anušahót dʒur]
lotion (de)	լոսյոն	[losjón]
eau de cologne (de)	օդեկոլոն	[odekolón]

oogschaduw (de)	կոպերի ներկ	[koperí nérk]
oogpotlood (het)	աչքի մատիտ	[ačkʰí matít]
mascara (de)	տուշ	[tuš]

lippenstift (de)	շրթներկ	[šrtʰnerk]
nagellak (de)	եղունգների լաք	[eġungnerí lákʰ]
haarlak (de)	մազերի լաք	[mazerí lakʰ]

deodorant (de)	դեզոդորանտ	[dezodoránt]
crème (de)	կրեմ	[krem]
gezichtscrème (de)	դեմքի կրեմ	[demkʰí krem]
handcrème (de)	ձեռքի կրեմ	[dzerkʰí krem]
antirimpelcrème (de)	կնճիռների դեմ կրեմ	[knčirnerí dém krém]
dag- (abn)	ցերեկային	[tsʰerekajín]
nacht- (abn)	գիշերային	[gišerajín]

tampon (de)	տամպոն	[tampón]
toiletpapier (het)	զուգարանի թուղթ	[zugaraní tʰúgtʰ]
föhn (de)	ֆեն	[fen]

40. Horloges. Klokken

polshorloge (het)	ձեռքի ժամացույց	[dzerkʰí ʒamatsʰújtsʰ]
wijzerplaat (de)	թվահարթակ	[tʰvahartʰák]
wijzer (de)	սլաք	[slakʰ]
metalen horlogeband (de)	շղթա	[šgtʰa]
horlogebandje (het)	փոկ	[pʰok]

batterij (de)	մարտկոց	[martkótsʰ]
leeg zijn (ww)	նստել	[nstel]
batterij vervangen	մարտկոցը փոխել	[martkótsʰə pʰoχél]
voorlopen (ww)	առաջ ընկնել	[arádʒ ənknél]
achterlopen (ww)	ետ ընկնել	[et ənknél]

wandklok (de)	պատի ժամացույց	[patí ʒamatsʰújtsʰ]
zandloper (de)	ավազի ժամացույց	[avazí ʒamatsʰújtsʰ]
zonnewijzer (de)	արևի ժամացույց	[areví ʒamatsʰújtsʰ]
wekker (de)	զարթուցիչ	[zartʰutsʰíč]
horlogemaker (de)	ժամագործ	[ʒamagórts]
repareren (ww)	նորոգել	[norogél]

ALLEDAAGSE ERVARING

41. Geld

geld (het)	դրամ	[dram]
ruil (de)	փոխանակում	[pʰoχanakúm]
koers (de)	փոխարժեք	[pʰoχarʒékʰ]
geldautomaat (de)	բանկոմատ	[bankomát]
muntstuk (de)	մետաղադրամ	[metaġadrám]

dollar (de)	դոլլար	[dollár]
euro (de)	եվրո	[évro]

lire (de)	լիրա	[líra]
Duitse mark (de)	մարկ	[mark]
frank (de)	ֆրանկ	[frank]
pond sterling (het)	ֆունտ uտերլինգ	[fúnt stérling]
yen (de)	յեն	[jen]

schuld (geldbedrag)	պարտք	[partkʰ]
schuldenaar (de)	պարտապան	[partapán]
uitlenen (ww)	պարտքով տալ	[partkʰóv tal]
lenen (geld ~)	պարտքով վերցնել	[partkʰóv vertsʰnél]

bank (de)	բանկ	[bank]
bankrekening (de)	հաշիվ	[hašív]
op rekening storten	հաշվի վրա զգել	[hašví vra gtsʰel]
opnemen (ww)	հաշվից հանել	[hašvítsʰ hanél]

kredietkaart (de)	վարկային քարտ	[varkʰajín kʰárt]
baar geld (het)	կանխիկ դրամ	[kanχík dram]
cheque (de)	չեք	[čekʰ]
een cheque uitschrijven	չեք դուրս գրել	[čekʰ durs grel]
chequeboekje (het)	չեքային գրքույկ	[čekʰajín grkʰújk]

portefeuille (de)	թղթապանակ	[tʰġtʰapanák]
geldbeugel (de)	դրամապանակ	[dramapanák]
safe (de)	չհրկիզվող պահարան	[čhrkizvóġ paharán]

erfgenaam (de)	ժառանգ	[ʒaráng]
erfenis (de)	ժառանգություն	[ʒarangutʰjún]
fortuin (het)	ունեցվածք	[unetsʰvátskʰ]

huur (de)	վարձ	[vardz]
huurprijs (de)	բնակվարձ	[bnakvárdz]
huren (huis, kamer)	վարձել	[vardzél]

prijs (de)	գին	[gin]
kostprijs (de)	արժեք	[arʒékʰ]
som (de)	գումար	[gumár]

uitgeven (geld besteden)	ծախսել	[tsaχsél]
kosten (mv.)	ծախսեր	[tsaχsér]
bezuinigen (ww)	տնտեսել	[tntesél]
zuinig (bn)	տնտեսող	[tntesóǵ]

betalen (ww)	վճարել	[včarél]
betaling (de)	վճար	[včár]
wisselgeld (het)	մանր	[manr]

belasting (de)	հարկ	[hark]
boete (de)	տուգանք	[tugánkʰ]
beboeten (bekeuren)	տուգանել	[tuganél]

42. Post. Postkantoor

postkantoor (het)	փոստ	[pʰost]
post (de)	փոստ	[pʰost]
postbode (de)	փոստատար	[pʰostatár]
openingsuren (mv.)	աշխատանքային ժամեր	[ašχatankʰajín ʒamér]

brief (de)	նամակ	[namák]
aangetekende brief (de)	պատվիրված նամակ	[patvirváts namák]
briefkaart (de)	բացիկ	[batsʰík]
telegram (het)	հեռագիր	[heragír]
postpakket (het)	ծանրոց	[tsanrótsʰ]
overschrijving (de)	դրամային փոխանցում	[dramajín pʰoχantsʰúm]

ontvangen (ww)	ստանալ	[stanál]
sturen (zenden)	ուղարկել	[uǵarkél]
verzending (de)	ուղարկում	[uǵarkúm]

adres (het)	հասցե	[hastsʰé]
postcode (de)	ինդեքս	[indéks]
verzender (de)	ուղարկող	[uǵarkóǵ]
ontvanger (de)	ստացող	[statsʰóǵ]

| naam (de) | անուն | [anún] |
| achternaam (de) | ազգանուն | [azganún] |

tarief (het)	սակագին	[sakagín]
standaard (bn)	սովորական	[sovorakán]
zuinig (bn)	տնտեսող	[tntesóǵ]

gewicht (het)	քաշ	[kʰaš]
afwegen (op de weegschaal)	կշռել	[kšrel]
envelop (de)	ծրար	[tsrar]
postzegel (de)	նամականիշ	[namakaníš]

43. Bankieren

| bank (de) | բանկ | [bank] |
| bankfiliaal (het) | բաժանմունք | [baʒanmúnkʰ] |

bankbediende (de)	խորհրդատու	[χorhrdatú]
manager (de)	կառավարիչ	[karavaríč]

bankrekening (de)	հաշիվ	[hašív]
rekeningnummer (het)	հաշվի համար	[hašví hamár]
lopende rekening (de)	ընթացիկ հաշիվ	[ənthatshík hašív]
spaarrekening (de)	կուտակային հաշիվ	[kutakajín hašív]

een rekening openen	հաշիվ բացել	[hašív batshél]
de rekening sluiten	հաշիվ փակել	[hašív phakél]
op rekening storten	հաշվի վրա գցել	[hašví vra gtshel]
opnemen (ww)	հաշվից հանել	[hašvítsh hanél]

storting (de)	ավանդ	[avánd]
een storting maken	ավանդ ներդնել	[avánd nerdnél]
overschrijving (de)	փոխանցում	[phoχantshúm]
een overschrijving maken	փոխանցում կատարել	[phoχantshúm katarél]

som (de)	գումար	[gumár]
Hoeveel?	Որքա՞ն	[vorkhán?]

handtekening (de)	ստորագրություն	[storagruthjún]
ondertekenen (ww)	ստորագրել	[storagrél]

kredietkaart (de)	վարկային քարտ	[varkhajín khárt]
code (de)	կոդ	[kod]
kredietkaartnummer (het)	վարկային քարտի համար	[varkhajín khartí hamár]
geldautomaat (de)	բանկոմատ	[bankomát]

cheque (de)	չեկ	[čekh]
een cheque uitschrijven	չեկ դուրս գրել	[čekh durs grel]
chequeboekje (het)	չեկային գրքույկ	[čekhajín grkhújk]

lening, krediet (de)	վարկ	[vark]
een lening aanvragen	դիմել վարկ ստանալու համար	[dimél várk stanalú hamár]
een lening nemen	վարկ վերցնել	[vark vertshnél]
een lening verlenen	վարկ տրամադրել	[vark tramadrél]
garantie (de)	գրավական	[gravakán]

44. Telefoon. Telefoongesprek

telefoon (de)	հեռախոս	[heraχós]
mobieltje (het)	բջջային հեռախոս	[bdžǯajín heraχós]
antwoordapparaat (het)	ինքնապատասխանիչ	[inkhnapatasχaníč]

bellen (ww)	զանգահարել	[zangaharél]
belletje (telefoontje)	զանգ	[zang]

een nummer draaien	համարը հավաքել	[hamárə havakhél]
Hallo!	Ալո՜	[aló!]
vragen (ww)	հարցնել	[hartshnél]
antwoorden (ww)	պատասխանել	[patasχanél]
horen (ww)	լսել	[lsel]

goed (bw)	լավ	[lav]
slecht (bw)	վատ	[vat]
storingen (mv.)	խանգարումներ	[xangarumnér]

hoorn (de)	լսափող	[lsapʰóǵ]
opnemen (ww)	լսափողը վերցնել	[lsapʰóǵə vertsʰnél]
ophangen (ww)	լսափողը դնել	[lsapʰóǵə dnél]

bezet (bn)	զբաղված	[zbaǵváts]
overgaan (ww)	զանգել	[zangél]
telefoonboek (het)	հեռախոսագիրք	[heraxosagírkʰ]

lokaal (bn)	տեղային	[teǵajín]
interlokaal (bn)	միջքաղաքային	[midʒkaǵakʰajín]
buitenlands (bn)	միջազգային	[midʒazgajín]

45. Mobiele telefoon

mobieltje (het)	բջջային հեռախոս	[bdʒdʒajín heraxós]
scherm (het)	էկրան	[ēkrán]
toets, knop (de)	կոճակ	[kočák]
simkaart (de)	SIM-քարտ	[sim kʰart]

batterij (de)	մարտկոց	[martkótsʰ]
leeg zijn (ww)	լիցքաթափվել	[litsʰkʰatʰapʰvél]
acculader (de)	լիցքավորման սարք	[litsʰkavormán sárkʰ]

menu (het)	մենյու	[menjú]
instellingen (mv.)	լարք	[larkʰ]
melodie (beltoon)	մեղեդի	[meǵedí]
selecteren (ww)	ընտրել	[əntrél]

rekenmachine (de)	հաշվիչ	[hašvíč]
voicemail (de)	ինքնապատասխանիչ	[inkʰnapatasxaníč]
wekker (de)	զարթուցիչ	[zartʰutsʰíč]
contacten (mv.)	հեռախոսագիրք	[heraxosagírkʰ]

| SMS-bericht (het) | SMS-հաղորդագրություն | [SMS haǵordagrutʰjún] |
| abonnee (de) | բաժանորդ | [baʒanórd] |

46. Schrijfbehoeften

| balpen (de) | ինքնահոս գրիչ | [inkʰnahós gríč] |
| vulpen (de) | փետրավոր գրիչ | [pʰetravór grič] |

potlood (het)	մատիտ	[matít]
marker (de)	նշիչ	[nšič]
viltstift (de)	ֆլոմաստեր	[flomastér]

notitieboekje (het)	նոթատետր	[notʰatétr]
agenda (boekje)	օրագիրք	[oragírkʰ]
liniaal (de/het)	քանոն	[kʰanón]

rekenmachine (de)	հաշվիչ	[hašvíč]
gom (de)	ռետին	[retín]
punaise (de)	սեղնակ	[severák]
paperclip (de)	ամրակ	[amrák]

lijm (de)	սոսինձ	[sosíndz]
nietmachine (de)	ճարմանդակարիչ	[čarmandakaríč]
perforator (de)	ծակոտիչ	[tsakotíč]
potloodslijper (de)	սրիչ	[srič]

47. Vreemde talen

taal (de)	լեզու	[lezú]
vreemde taal (de)	օտար լեզու	[otár lezú]
leren (bijv. van buiten ~)	ուսումնասիրել	[usumnasirél]
studeren (Nederlands ~)	սովորել	[sovorél]

lezen (ww)	կարդալ	[kardál]
spreken (ww)	խոսել	[χosél]
begrijpen (ww)	հասկանալ	[haskanál]
schrijven (ww)	գրել	[grel]

snel (bw)	արագ	[arág]
langzaam (bw)	դանդաղ	[dandáġ]
vloeiend (bw)	ազատ	[azát]

regels (mv.)	կանոն	[kanón]
grammatica (de)	քերականություն	[kʰerakanutʰjún]
vocabulaire (het)	բառապաշար	[baragitutʰjún]
fonetiek (de)	հնչյունաբանություն	[hnčjunabanutʰjún]

leerboek (het)	դասագիրք	[dasagírkʰ]
woordenboek (het)	բառարան	[bararán]
leerboek (het) voor zelfstudie	ինքնուսույց	[inkʰnusújtsʰ]
taalgids (de)	զրուցարան	[zrutsʰarán]

cassette (de)	ձայներիզ	[dzajneríz]
videocassette (de)	տեսաերիզ	[tesaeríz]
CD (de)	խտասկավառակ	[χtaskavarák]
DVD (de)	DVD-սկավառակ	[dividí skavarák]

alfabet (het)	այբուբեն	[ajbubén]
spellen (ww)	տառերով արտասանել	[tareróv artasanél]
uitspraak (de)	արտասանություն	[artasanutʰjún]

accent (het)	առոգանություն	[aktsʰént]
met een accent (bw)	առոգանությամբ	[aktsʰentóv]
zonder accent (bw)	առանց առոգանության	[arántsʰ aktsʰént]

| woord (het) | բառ | [bar] |
| betekenis (de) | իմաստ | [imást] |

| cursus (de) | դասընթաց | [dasəntʰátsʰ] |
| zich inschrijven (ww) | գրանցվել | [grantsʰvél] |

leraar (de)	ուսուցիչ	[usutsʰíč]
vertaling (een ~ maken)	թարգմանություն	[tʰargmanutʰjún]
vertaling (tekst)	թարգմանություն	[tʰargmanutʰjún]
vertaler (de)	թարգմանիչ	[tʰargmaníč]
tolk (de)	թարգմանիչ	[tʰargmaníč]
polyglot (de)	պոլիգլոտ	[poliglót]
geheugen (het)	հիշողություն	[hišoǵutʰjún]

MAALTIJDEN. RESTAURANT

48. Tafelschikking

lepel (de)	գդալ	[gdal]
mes (het)	դանակ	[danák]
vork (de)	պատառաքաղ	[patarakʰáġ]
kopje (het)	բաժակ	[baʒák]
bord (het)	ափսե	[apʰsé]
schoteltje (het)	պնակ	[pnak]
servet (het)	անձեռոցիկ	[andzerotsʰík]
tandenstoker (de)	ատամնափորիչ	[atamnapʰoríč]

49. Restaurant

restaurant (het)	ռեստորան	[restorán]
koffiehuis (het)	սրճարան	[srčarán]
bar (de)	բար	[bar]
tearoom (de)	թեյարան	[tʰejarán]
kelner, ober (de)	մատուցող	[matutsʰóġ]
serveerster (de)	մատուցողուհի	[matutsʰoġuhí]
barman (de)	բարմեն	[barmén]
menu (het)	մենյու	[menjú]
wijnkaart (de)	գինիների գրացանկ	[gininerí gratsʰánk]
een tafel reserveren	սեղան պատվիրել	[seġán patvirél]
gerecht (het)	ուտեստ	[utést]
bestellen (eten ~)	պատվիրել	[patvirél]
een bestelling maken	պատվեր կատարել	[patvér kataról]
aperitief (de/het)	ապերիտիվ	[aperitív]
voorgerecht (het)	խորտիկ	[χortík]
dessert (het)	աղանդեր	[aġandér]
rekening (de)	հաշիվ	[hašív]
de rekening betalen	հաշիվը փակել	[hašívə pʰakél]
wisselgeld teruggeven	մանրը վերադարձնել	[mánre veradartsnél]
fooi (de)	թեյավճար	[tʰejapʰóġ]

50. Maaltijden

eten (het)	կերակուր	[kerakúr]
eten (ww)	ուտել	[utél]

ontbijt (het)	նախաճաշ	[naxačáš]
ontbijten (ww)	նախաճաշել	[naxačašél]
lunch (de)	ճաշ	[čaš]
lunchen (ww)	ճաշել	[čašél]
avondeten (het)	ընթրիք	[ənthríkh]
souperen (ww)	ընթրել	[ənthrél]

| eetlust (de) | ախորժակ | [axorʒák] |
| Eet smakelijk! | Բարի ախորժա'կ | [barí axorʒák] |

openen (een fles ~)	բացել	[batshél]
morsen (koffie, enz.)	թափել	[thaphél]
zijn gemorst	թափվել	[thaphvél]

koken (water kookt bij 100°C)	եռալ	[erál]
koken (Hoe om water te ~)	եռացնել	[eratshhnél]
gekookt (~ water)	եռացրած	[eratshhráts]
afkoelen (koeler maken)	սառեցնել	[saretshhnél]
afkoelen (koeler worden)	սառեցվել	[saretshhvél]

| smaak (de) | համ | [ham] |
| nasmaak (de) | կոդմնակի համ | [koǵmnakí ham] |

volgen een dieet	նիհարել	[niharél]
dieet (het)	սննդակարգ	[snndakárg]
vitamine (de)	վիտամին	[vitamín]
calorie (de)	կալորիա	[kalória]
vegetariër (de)	բուսակեր	[busakér]
vegetarisch (bn)	բուսակերական	[busakerakán]

vetten (mv.)	ճարպեր	[čarpér]
eiwitten (mv.)	սպիտակուցներ	[spitakutshhnér]
koolhydraten (mv.)	ածխաջրեր	[atsxadʒrér]
snede (de)	պատառ	[patár]
stuk (bijv. een ~ taart)	կտոր	[ktor]
kruimel (de)	փշուր	[phšur]

51. Bereide gerechten

gerecht (het)	ճաշատեսակ	[čašatesák]
keuken (bijv. Franse ~)	խոհանոց	[xohanótsh]
recept (het)	բաղադրատոմս	[baǵadratóms]
portie (de)	բաժին	[baʒín]

| salade (de) | աղցան | [aǵtshhán] |
| soep (de) | ապուր | [apúr] |

bouillon (de)	մսաջուր	[msadʒúr]
boterham (de)	բրդուճ	[brdučʼ]
spiegelei (het)	ձվածեղ	[dzvatséǵ]

hamburger (de)	համբուրգեր	[hamburgér]
biefstuk (de)	բիֆշտեքս	[bifštékhs]
garnering (de)	զարնիր	[garnír]

spaghetti (de)	սպագետի	[spagétti]
aardappelpuree (de)	կարտոֆիլի պյուրե	[kartofilí pjuré]
pizza (de)	պիցցա	[pítsʰa]
pap (de)	շիլա	[šilá]
omelet (de)	ձվածեղ	[dzvatséģ]

gekookt (in water)	եփած	[epʰáts]
gerookt (bn)	ապխտած	[apχtáts]
gebakken (bn)	տապակած	[tapakáts]
gedroogd (bn)	չորացրած	[čoratsʰráts]
diepvries (bn)	սառեցված	[saretsʰváts]
gemarineerd (bn)	մարինացված	[marinatsʰváts]

zoet (bn)	քաղցր	[kʰaģtsʰr]
gezouten (bn)	աղի	[aģí]
koud (bn)	սառը	[sárə]
heet (bn)	տաք	[takʰ]
bitter (bn)	դառը	[dárə]
lekker (bn)	համեղ	[haméģ]

koken (in kokend water)	եփել	[epʰél]
bereiden (avondmaaltijd ~)	պատրաստել	[patrastél]
bakken (ww)	տապակել	[tapakél]
opwarmen (ww)	տաքացնել	[takʰatsʰnél]

zouten (ww)	աղ անել	[aģ anél]
peperen (ww)	պղպեղ անել	[pģpéģ anél]
raspen (ww)	քերել	[kʰerél]
schil (de)	կլեպ	[klep]
schillen (ww)	կլպել	[klpel]

52. Voedsel

vlees (het)	միս	[mis]
kip (de)	հավ	[hav]
kuiken (het)	ճուտ	[čut]
eend (de)	բադ	[bad]
gans (de)	սագ	[sag]
wild (het)	որսամիս	[vorsamís]
kalkoen (de)	հնդկահավ	[hndkaháv]

varkensvlees (het)	խոզի միս	[χozí mis]
kalfsvlees (het)	հորթի միս	[hortʰí mís]
schapenvlees (het)	ոչխարի միս	[vočχarí mis]
rundvlees (het)	տավարի միս	[tavarí mis]
konijnenvlees (het)	ճագար	[čagár]

worst (de)	երշիկ	[eršík]
saucijs (de)	նրբերշիկ	[nrberšík]
spek (het)	բեկոն	[bekón]
ham (de)	խոզապուխտ	[χozapúχt]
gerookte achterham (de)	ազդր	[azdr]
paté (de)	պաշտետ	[paštét]
lever (de)	լյարդ	[ljard]

gehakt (het)	աղացած միս	[aġatsʰáts mis]
tong (de)	լեզու	[lezú]
ei (het)	ձու	[dzu]
eieren (mv.)	ձվեր	[dzver]
eiwit (het)	սպիտակուց	[spitakútsʰ]
eigeel (het)	դեղնուց	[deġnútsʰ]
vis (de)	ձուկ	[dzuk]
zeevruchten (mv.)	ծովամթերքներ	[tsovamtʰerkʰnér]
kaviaar (de)	ձկնկիթ	[dzknkitʰ]
krab (de)	ծովախեցգետին	[tsovaχetsʰgetín]
garnaal (de)	մանր ծովախեցգետին	[mánr tsovaχetsʰgetín]
oester (de)	ոստրե	[vostré]
langoest (de)	լանգուստ	[langúst]
octopus (de)	ութոտնուկ	[utʰotnúk]
inktvis (de)	կաղամար	[kaġamár]
steur (de)	թառափ	[tʰarápʰ]
zalm (de)	սաղման	[saġmán]
heilbot (de)	վահանաձուկ	[vahanadzúk]
kabeljauw (de)	ձողաձուկ	[dzoġadzúk]
makreel (de)	թյունիկ	[tʰjuník]
tonijn (de)	թյունու	[tʰjunnós]
paling (de)	օձաձուկ	[odzadzúk]
forel (de)	իշխան	[išχán]
sardine (de)	սարդինա	[sardína]
snoek (de)	գայլաձուկ	[gajladzúk]
haring (de)	ծովատառեխ	[tsovataréχ]
brood (het)	հաց	[hatsʰ]
kaas (de)	պանիր	[panír]
suiker (de)	շաքար	[šakʰár]
zout (het)	աղ	[aġ]
rijst (de)	բրինձ	[brindz]
pasta (de)	մակարոն	[makarón]
noedels (mv.)	լափշա	[lapʰšá]
boter (de)	սերուցքային կարագ	[serutsʰkʰajín karág]
plantaardige olie (de)	բուսական յուղ	[busakán júġ]
zonnebloemolie (de)	արևածաղկի ձեթ	[arevatsaġkí dzetʰ]
margarine (de)	մարգարին	[margarín]
olijven (mv.)	ձիթապտուղ	[zeytún]
olijfolie (de)	ձիթապտղի ձեթ	[dzitʰaptġí dzetʰ]
melk (de)	կաթ	[katʰ]
gecondenseerde melk (de)	խտացրած կաթ	[χtatsʰráts kátʰ]
yoghurt (de)	յոգուրտ	[jogúrt]
zure room (de)	թթվասեր	[tʰtʰvasér]
room (de)	սերուցք	[serútsʰkʰ]
mayonaise (de)	մայոնեզ	[majonéz]

crème (de)	կրեմ	[krem]
graan (het)	ձավար	[dzavár]
meel (het), bloem (de)	ալյուր	[aljúr]
conserven (mv.)	պահածոներ	[pahatsonér]

maïsvlokken (mv.)	եգիպտացորենի փաթիլներ	[egiptatsʰorení pʰatʰilnér]
honing (de)	մեղր	[meġr]
jam (de)	ջեմ	[dʒem]
kauwgom (de)	մաստակ	[masták]

53. Drankjes

water (het)	ջուր	[dʒur]
drinkwater (het)	խմելու ջուր	[χmelú dʒur]
mineraalwater (het)	հանքային ջուր	[hankʰajín dʒúr]

zonder gas	առանց գազի	[aránts ̊ gazí]
koolzuurhoudend (bn)	գազավորված	[gazavorváts]
bruisend (bn)	գազով	[gazóv]
ijs (het)	սառույց	[sarújts ̊]
met ijs	սառույցով	[saruts ̊óv]

alcohol vrij (bn)	ոչ ալկոհոլային	[voč alkoholajín]
alcohol vrije drank (de)	ոչ ալկոհոլային ըմպելիք	[voč alkoholajín əmpelíkʰ]
frisdrank (de)	զովացուցիչ ըմպելիք	[zovatsʰutsʰíč əmpelíkʰ]
limonade (de)	լիմնեառ	[limonád]

alcoholische dranken (mv.)	ալկոհոլային խմիչքներ	[alkoholajín χmičkʰnér]
wijn (de)	գինի	[giní]
witte wijn (de)	սպիտակ գինի	[spiták giní]
rode wijn (de)	կարմիր գինի	[karmír giní]

likeur (de)	լիկյոր	[likjor]
champagne (de)	շամպայն	[šampájn]
vermout (de)	վերմուտ	[vérmut]

whisky (de)	վիսկի	[víski]
wodka (de)	օղի	[oġí]
gin (de)	ջին	[dʒin]
cognac (de)	կոնյակ	[konják]
rum (de)	ռոմ	[rom]

koffie (de)	սուրճ	[surč]
zwarte koffie (de)	սև սուրճ	[sev surč]
koffie (de) met melk	կաթով սուրճ	[katʰóv súrč]
cappuccino (de)	սերուցքով սուրճ	[serutsʰkʰóv surč]
oploskoffie (de)	լուծվող սուրճ	[lutsvóg súrč]

melk (de)	կաթ	[katʰ]
cocktail (de)	կոկտեյլ	[koktéjl]
milkshake (de)	կաթնային կոկտեյլ	[katʰnajín koktéjl]

| sap (het) | հյութ | [hjutʰ] |
| tomatensap (het) | տոմատի հյութ | [tomatí hjútʰ] |

sinaasappelsap (het)	նարնջի հյութ	[narndʒí hjutʰ]
vers geperst sap (het)	թարմ քամված հյութ	[tʰarm kʰamváts hjutʰ]
bier (het)	գարեջուր	[garedʒúr]
licht bier (het)	բաց գարեջուր	[batsʰ garedʒúr]
donker bier (het)	մուգ գարեջուր	[múg garedʒúr]
thee (de)	թեյ	[tʰej]
zwarte thee (de)	սև թեյ	[sev tʰej]
groene thee (de)	կանաչ թեյ	[kanáč tʰej]

54. Groenten

groenten (mv.)	բանջարեղեն	[bandʒareǵén]
verse kruiden (mv.)	կանաչի	[kanačí]
tomaat (de)	լոլիկ	[lolík]
augurk (de)	վարունգ	[varúng]
wortel (de)	գազար	[gazár]
aardappel (de)	կարտոֆիլ	[kartofíl]
ui (de)	սոխ	[soχ]
knoflook (de)	սխտոր	[sχtor]
kool (de)	կաղամբ	[kaǵámb]
bloemkool (de)	ծաղկակաղամբ	[tsaǵkakaǵámb]
spruitkool (de)	բրյուսելյան կաղամբ	[brjuseljǎn kaǵámb]
broccoli (de)	կաղամբ բրոկոլի	[kaǵámb brokóli]
rode biet (de)	բազուկ	[bazúk]
aubergine (de)	սմբուկ	[smbuk]
courgette (de)	դդմիկ	[ddmik]
pompoen (de)	դդում	[ddum]
raap (de)	շաղգամ	[šaǵgám]
peterselie (de)	մաղադանոս	[maǵadanós]
dille (de)	սամիթ	[samítʰ]
sla (de)	սալաթ	[salátʰ]
selderij (de)	նեխուր	[neχúr]
asperge (de)	ծնեբեկ	[tsnebék]
spinazie (de)	սպանախ	[spinát]
erwt (de)	սիսեռ	[sisér]
bonen (mv.)	լոբի	[lobí]
maïs (de)	եգիպտացորեն	[egiptatsʰorén]
nierboon (de)	լոբի	[lobí]
peper (de)	պղպեղ	[pǵpeǵ]
radijs (de)	բողկ	[boǵk]
artisjok (de)	արտիճուկ	[artičúk]

55. Vruchten. Noten

vrucht (de)	միրգ	[mirg]
appel (de)	խնձոր	[χndzor]

peer (de)	ատամ	[tandz]
citroen (de)	կիտրոն	[kitrón]
sinaasappel (de)	նարինջ	[naríndʒ]
aardbei (de)	ելակ	[elák]

mandarijn (de)	մանդարին	[mandarín]
pruim (de)	սալոր	[salór]
perzik (de)	դեղձ	[deġdz]
abrikoos (de)	ծիրան	[tsirán]
framboos (de)	մորի	[morí]
ananas (de)	արքայախնձոր	[arkʰajaχndzór]

banaan (de)	բանան	[banán]
watermeloen (de)	ձմերուկ	[dzmerúk]
druif (de)	խաղող	[χaġóġ]
zure kers (de)	բալ	[bal]
zoete kers (de)	կեռաս	[kerás]
meloen (de)	սեխ	[seχ]

grapefruit (de)	գրեյպֆրուտ	[grejpfrút]
avocado (de)	ավոկադո	[avokádo]
papaja (de)	պապայա	[papája]
mango (de)	մանգո	[mángo]
granaatappel (de)	նուռ	[nur]

rode bes (de)	կարմիր հաղարջ	[karmír haġárdʒ]
zwarte bes (de)	սև հաղարջ	[sév haġárdʒ]
kruisbes (de)	հաղարջ	[haġárdʒ]
blauwe bosbes (de)	հապալաս	[hapalás]
braambes (de)	մոշ	[moš]

rozijn (de)	չամիչ	[čamíč]
vijg (de)	թուզ	[tʰuz]
dadel (de)	արմավ	[armáv]

pinda (de)	գետնընկույզ	[getnənkújz]
amandel (de)	նուշ	[nuš]
walnoot (de)	ընկույզ	[ənkújz]
hazelnoot (de)	պնդուկ	[pnduk]
kokosnoot (de)	կոկոսի ընկույզ	[kokósi ənkújz]
pistaches (mv.)	պիստակ	[pisták]

56. Brood. Snoep

suikerbakkerij (de)	հրուշակեղեն	[hrušakeġén]
brood (het)	հաց	[hatsʰ]
koekje (het)	թխվածքաբլիթ	[tʰχvatskʰablítʰ]

chocolade (de)	շոկոլադ	[šokolád]
chocolade- (abn)	շոկոլադե	[šokoladé]
snoepje (het)	կոնֆետ	[konfét]
cakeje (het)	հրուշակ	[hrušák]
taart (bijv. verjaardags~)	տորթ	[tortʰ]
pastei (de)	կարկանդակ	[karkandák]

vulling (de)	լցնն	[lts^hon]
confituur (de)	մուրաբա	[murabá]
marmelade (de)	մարմելադ	[marmelád]
wafel (de)	վաֆլի	[vaflí]
ijsje (het)	պաղպաղակ	[paġpaġák]

57. Kruiden

zout (het)	աղ	[aġ]
gezouten (bn)	աղի	[aġí]
zouten (ww)	աղ անել	[aġ anél]

zwarte peper (de)	սև պղպեղ	[sev pġpéġ]
rode peper (de)	կարմիր պղպեղ	[karmír pġpéġ]
mosterd (de)	մանանեխ	[mananéχ]
mierikswortel (de)	ծովաբողկ	[tsovabóġk]

condiment (het)	համեմունք	[hamemúnk^h]
specerij, kruiderij (de)	համեմունք	[hamemúnk^h]
saus (de)	սոուս	[soús]
azijn (de)	քացախ	[k^hats^háχ]

anijs (de)	անիսոն	[anisón]
basilicum (de)	ռեհան	[rehán]
kruidnagel (de)	մեխակ	[meχák]
gember (de)	իմբիր	[imbír]
koriander (de)	գինձ	[gindz]
kaneel (de/het)	դարչին	[darčín]

sesamzaad (het)	քնջութ	[k^hndʒut^h]
laurierblad (het)	դափնու տերև	[dap^hnú terév]
paprika (de)	պապրիկա	[páprika]
komijn (de)	չաման	[čamán]
saffraan (de)	շաֆրան	[šafrán]

PERSOONLIJKE INFORMATIE. FAMILIE

58. Persoonlijke informatie. Formulieren

naam (de)	անուն	[anún]
achternaam (de)	ազգանուն	[azganún]
geboortedatum (de)	ծննդյան ամսաթիվ	[tsnndján amsatʰív]
geboorteplaats (de)	ծննդավայր	[tsnndavájr]
nationaliteit (de)	ազգություն	[azgutʰjún]
woonplaats (de)	բնակության վայրը	[bnakutʰján vájrə]
land (het)	երկիր	[erkír]
beroep (het)	մասնագիտություն	[masnagitʰjún]
geslacht (ov. het vrouwelijk ~)	սեռ	[ser]
lengte (de)	հասակ	[hasák]
gewicht (het)	քաշ	[kʰaš]

59. Familieleden. Verwanten

moeder (de)	մայր	[majr]
vader (de)	հայր	[hajr]
zoon (de)	որդի	[vordí]
dochter (de)	դուստր	[dustr]
jongste dochter (de)	կրտսեր դուստր	[krtsér dústr]
jongste zoon (de)	կրտսեր որդի	[krtsér vordí]
oudste dochter (de)	ավագ դուստր	[avág dústr]
oudste zoon (de)	ավագ որդի	[avág vordí]
broer (de)	եղբայր	[eġbájr]
zuster (de)	քույր	[kʰujr]
mama (de)	մայրիկ	[majrík]
papa (de)	հայրիկ	[hajrík]
ouders (mv.)	ծնողներ	[tsnoġnér]
kind (het)	երեխա	[ereχá]
kinderen (mv.)	երեխաներ	[ereχanér]
oma (de)	տատիկ	[tatík]
opa (de)	պապիկ	[papík]
kleinzoon (de)	թոռ	[tʰor]
kleindochter (de)	թոռնուհի	[tʰornuhí]
kleinkinderen (mv.)	թոռներ	[tʰornér]
schoonmoeder (de)	զոքանչ	[zokʰánč]
schoonvader (de)	սկեսրայր	[skesrájr]

schoonzoon (de)	փեսա	[pʰesá]
stiefmoeder (de)	խորթ մայր	[χortʰ majr]
stiefvader (de)	խորթ հայր	[χortʰ hajr]

zuigeling (de)	ծծկեր երեխա	[tstskér ereχá]
wiegenkind (het)	մանուկ	[manúk]
kleuter (de)	պստիկ	[pstik]

vrouw (de)	կին	[kin]
man (de)	ամուսին	[amusín]
echtgenoot (de)	ամուսին	[amusín]
echtgenote (de)	կին	[kin]

gehuwd (mann.)	ամուսնացած	[amusnatsʰáts]
gehuwd (vrouw.)	ամուսնացած	[amusnatsʰáts]
ongehuwd (mann.)	ամուրի	[amurí]
vrijgezel (de)	ամուրի	[amurí]
gescheiden (bn)	ամուսնալուծված	[amusnalutsváts]
weduwe (de)	այրի կին	[ajrí kin]
weduwnaar (de)	այրի տղամարդ	[ajrí tgamárd]

familielid (het)	ազգական	[azgakán]
dichte familielid (het)	մերձավոր ազգական	[merdzavór azgakán]
verre familielid (het)	հեռավոր ազգական	[heravór azgakán]
familieleden (mv.)	հարազատներ	[harazatnér]

wees (de), weeskind (het)	որբ	[vorb]
voogd (de)	խնամակալ	[χnamakál]
adopteren (een jongen te ~)	որդեգրել	[vordegrél]
adopteren (een meisje te ~)	որդեգրել	[vordegrél]

60. Vrienden. Collega's

vriend (de)	ընկեր	[ənkér]
vriendin (de)	ընկերուհի	[ənkeruhí]
vriendschap (de)	ընկերություն	[ənkerutʰjún]
bevriend zijn (ww)	ընկերություն անել	[ənkerutʰjún anél]

makker (de)	բարեկամ	[barekám]
vriendin (de)	բարեկամուհի	[barekamuhí]
partner (de)	գործընկեր	[gortsənkér]

chef (de)	շեֆ	[šef]
baas (de)	պետ	[pet]
ondergeschikte (de)	ենթակա	[entʰaká]
collega (de)	գործընկեր	[gortsənkér]

kennis (de)	ծանոթ	[tsanótʰ]
medereiziger (de)	ուղեկից	[uǵekítsʰ]
klasgenoot (de)	համադասարանցի	[hamadasarantsʰí]

buurman (de)	հարևան	[hareván]
buurvrouw (de)	հարևանուհի	[harevanuhí]
buren (mv.)	հարևաններ	[harevannér]

MENSELIJK LICHAAM. GENEESKUNDE

61. Hoofd

hoofd (het)	գլուխ	[glux]
gezicht (het)	երես	[erés]
neus (de)	քիթ	[kʰitʰ]
mond (de)	բերան	[berán]

oog (het)	աչք	[ačkʰ]
ogen (mv.)	աչքեր	[ačkʰér]
pupil (de)	բիբ	[bib]
wenkbrauw (de)	ունք	[unkʰ]
wimper (de)	թարթիչ	[tʰartʰíč]
ooglid (het)	կոպ	[kap]

tong (de)	լեզու	[lezú]
tand (de)	ատամ	[atám]
lippen (mv.)	շրթունքներ	[šrtʰunkʰnér]
jukbeenderen (mv.)	այտոսկրեր	[ajtoskrér]
tandvlees (het)	լինդ	[lind]
gehemelte (het)	քիմք	[kimkʰ]

neusgaten (mv.)	քթածակեր	[kʰtʰatsakér]
kin (de)	կզակ	[kzak]
kaak (de)	ծնոտ	[tsnot]
wang (de)	այտ	[ajt]

voorhoofd (het)	ճակատ	[čakát]
slaap (de)	քներակ	[kʰnerák]
oor (het)	ականջ	[akándʒ]
achterhoofd (het)	ծոծրակ	[tsotsrák]
hals (de)	պարանոց	[paranótsʰ]
keel (de)	կոկորդ	[kokórd]

haren (mv.)	մազեր	[mazér]
kapsel (het)	սանրվածք	[sanrvátskʰ]
haarsnit (de)	սանրվածք	[sanrvátskʰ]
pruik (de)	կեղծամ	[keġtsám]

snor (de)	բեղեր	[beġér]
baard (de)	մորուք	[morúkʰ]
dragen (een baard, enz.)	կրել	[krel]
vlecht (de)	հյուս	[hjus]
bakkebaarden (mv.)	այտամորուք	[ajtamorúkʰ]

ros (roodachtig, rossig)	շիկահեր	[šikahér]
grijs (~ haar)	ալեհեր	[alehér]
kaal (bn)	ճաղատ	[čaġát]
kale plek (de)	ճաղատ	[čaġát]

| paardenstaart (de) | պոչ | [poč] |
| pony (de) | մազափունջ | [mazapʰúndʒ] |

62. Menselijk lichaam

| hand (de) | դաստակ | [dasták] |
| arm (de) | թև | [tʰev] |

vinger (de)	մատ	[mat]
duim (de)	բութ մատ	[butʰ mát]
pink (de)	ճկույթ	[čkujtʰ]
nagel (de)	եղունգ	[eǵúng]

vuist (de)	բռունցք	[bruntsʰkʰ]
handpalm (de)	ափ	[apʰ]
pols (de)	դաստակ	[dasták]
voorarm (de)	նախաբազուկ	[naxabazúk]
elleboog (de)	արմունկ	[armúnk]
schouder (de)	ուս	[us]

been (rechter ~)	ոտք	[votkʰ]
voet (de)	ոտնաթաթ	[votnatʰátʰ]
knie (de)	ծունկ	[tsunk]
kuit (de)	սրունք	[srunkʰ]
heup (de)	ազդր	[azdr]
hiel (de)	կրունկ	[krunk]

lichaam (het)	մարմին	[marmín]
buik (de)	փոր	[pʰor]
borst (de)	կրծքավանդակ	[krtskʰavandák]
borst (de)	կուրծք	[kurtskʰ]
zijde (de)	կող	[koǵ]
rug (de)	մեջք	[medʒkʰ]
lage rug (de)	գոտկատեղ	[gotkatéǵ]
taille (de)	գոտկատեղ	[gotkatéǵ]

navel (de)	պորտ	[port]
billen (mv.)	նստատեղ	[nstatéǵ]
achterwerk (het)	հետույք	[hetújkʰ]

huidvlek (de)	խալ	[xal]
tatoeage (de)	դաջվածք	[dadʒvátskʰ]
litteken (het)	սպի	[spi]

63. Ziekten

ziekte (de)	հիվանդություն	[hivandutʰjún]
ziek zijn (ww)	հիվանդ լինել	[hivánd linél]
gezondheid (de)	առողջություն	[aroǵdʒutʰjún]

| snotneus (de) | հարբուխ | [harbúx] |
| angina (de) | անգինա | [angína] |

verkoudheid (de)	մրսածություն	[mrsatsutʰjún]
verkouden raken (ww)	մրսել	[mrsel]

bronchitis (de)	բրոնխիտ	[bronχít]
longontsteking (de)	թոքերի բորբոքում	[tʰokʰerí borbokʰúm]
griep (de)	գրիպ	[grip]

bijziend (bn)	կարճատես	[karčatés]
verziend (bn)	հեռատես	[herahós]
scheelheid (de)	շլություն	[šlutʰjún]
scheel (bn)	շլաչք	[šlačkʰ]
grauwe staar (de)	կատարակտա	[katarákta]
glaucoom (het)	գլաուկոմա	[glaukóma]

beroerte (de)	ուղեղի կաթված	[uǵeǵí katʰváts]
hartinfarct (het)	ինֆարկտ	[infárkt]
myocardiaal infarct (het)	սրտամկանի կաթված	[srtamkaní katʰváts]
verlamming (de)	կաթված	[katʰváts]
verlammen (ww)	կաթվածել	[katʰvatsél]

allergie (de)	ալերգիա	[alergía]
astma (de/het)	աստմա	[astʰmá]
diabetes (de)	շաքարախտ	[šakʰaráχt]

tandpijn (de)	ատամնացավ	[atamnatsʰáv]
tandbederf (het)	կարիես	[karíes]

diarree (de)	լույծ	[lujts]
constipatie (de)	փորկապություն	[pʰorkaputʰjún]
maagstoornis (de)	ստամոքսի խանգարում	[stamokʰsí χangarúm]
voedselvergiftiging (de)	թունավորում	[tʰunavorúm]
voedselvergiftiging oplopen	թունավորվել	[tʰunavorvél]

artritis (de)	հոդի բորբոքում	[hodí borbokʰúm]
rachitis (de)	ռախիտ	[raχít]
reuma (het)	հոդացավ	[hodatsʰáv]
arteriosclerose (de)	աթերոսկլերոզ	[atʰeroskleróz]

gastritis (de)	գաստրիտ	[gastrít]
blindedarmontsteking (de)	ապենդիցիտ	[apendʰitsʰít]
galblaasontsteking (de)	խոլեցիստիտ	[χoletsʰistít]
zweer (de)	խոց	[χotsʰ]

mazelen (mv.)	կարմրուկ	[karmrúk]
rodehond (de)	կարմրախտ	[karmráχt]
geelzucht (de)	դեղնախ	[deǵnáχ]
leverontsteking (de)	հեպատիտ	[hepatít]

schizofrenie (de)	շիզոֆրենիա	[šizofrenía]
dolheid (de)	կատաղություն	[kataǵutʰjún]
neurose (de)	նեվրոզ	[nevróz]
hersenschudding (de)	ուղեղի ցնցում	[uǵeǵí tsʰntsʰúm]

kanker (de)	քաղցկեղ	[kʰaǵtskéǵ]
sclerose (de)	կարծրախտ	[kartsráχt]
multiple sclerose (de)	ցրված կարծրախտ	[tsʰrváts kartsráχt]

alcoholisme (het)	հարբեցողություն	[harbetsʰoġutʰjún]
alcoholicus (de)	հարբեցող	[harbetsʰóġ]
syfilis (de)	սիֆիլիս	[sifilís]
AIDS (de)	ՁԻԱՀ	[dziáh]

tumor (de)	ուռուցք	[urútsʰkʰ]
kwaadaardig (bn)	չարորակ	[čarorák]
goedaardig (bn)	բարորակ	[barorák]

koorts (de)	տենդ	[tend]
malaria (de)	մալարիա	[malaría]
gangreen (het)	փտախտ	[pʰtaxt]
zeeziekte (de)	ծովային հիվանդություն	[tsovajín hivandutʰjún]
epilepsie (de)	ընկնավորություն	[ənknavorutʰjún]

epidemie (de)	համաճարակ	[hamačarák]
tyfus (de)	տիֆ	[tif]
tuberculose (de)	պալարախտ	[palaráxt]
cholera (de)	խոլերա	[xoléra]
pest (de)	ժանտախտ	[ʒantáxt]

64. Symptomen. Behandelingen. Deel 1

symptoom (het)	նախանշան	[naxanšán]
temperatuur (de)	ջերմաստիճան	[dʒermastičán]
verhoogde temperatuur (de)	բարձր ջերմաստիճան	[bárdzr dʒermastičán]
polsslag (de)	զարկերակ	[zarkerák]

duizeling (de)	գլխապտույտ	[glxaptújt]
heet (erg warm)	տաք	[takʰ]
koude rillingen (mv.)	դողէրոցք	[doġērótsʰkʰ]
bleek (bn)	գունատ	[gunát]

hoest (de)	հազ	[haz]
hoesten (ww)	հազալ	[hazál]
niezen (ww)	փռշտալ	[pʰrštal]
flauwte (de)	ուշագնություն	[ušagnatsʰutʰjún]
flauwvallen (ww)	ուշագնաց լինել	[ušagnátsʰ linél]

blauwe plek (de)	կապտուկ	[kaptúk]
buil (de)	ուռուցք	[urútsʰkʰ]
zich stoten (ww)	խփվել	[xpʰvel]
kneuzing (de)	վնասվածք	[vnasvátskʰ]
kneuzen (gekneusd zijn)	վնասվածք ստանալ	[vnasvátskʰ stanál]

hinken (ww)	կաղալ	[kaġál]
verstuiking (de)	հոդախախտում	[hodaxaxtúm]
verstuiken (enkel, enz.)	հոդախախտել	[hodaxaxtél]
breuk (de)	կոտրվածք	[kotrvátskʰ]
een breuk oplopen	կոտրվածք ստանալ	[kotrvátskʰ stanál]

snijwond (de)	կտրված վերք	[ktrvats verkʰ]
zich snijden (ww)	կտրել	[ktrel]
bloeding (de)	արյունահոսություն	[arjunahosutʰjún]

| brandwond (de) | այրվածք | [ajrvátskʰ] |
| zich branden (ww) | այրվել | [ajrvél] |

prikken (ww)	ծակել	[tsakél]
zich prikken (ww)	ծակել	[tsakél]
blesseren (ww)	վնասել	[vnasél]
blessure (letsel)	վնասվածք	[vnasvátskʰ]
wond (de)	վերք	[verkʰ]
trauma (het)	վնասվածք	[vnasvátskʰ]

ijlen (ww)	զառանցել	[zarantsʰél]
stotteren (ww)	կակազել	[kakazél]
zonnesteek (de)	արևահարություն	[arevaharutʰjún]

65. Symptomen. Behandelingen. Deel 2

| pijn (de) | ցավ | [tsʰav] |
| splinter (de) | փուշ | [pʰuš] |

zweet (het)	քրտինք	[krtinkʰ]
zweten (ww)	քրտնել	[kʰrtnel]
braking (de)	փսխում	[pʰsχum]
stuiptrekkingen (mv.)	ջղաձգություն	[dʒġadzgutʰjún]

zwanger (bn)	հղի	[hġi]
geboren worden (ww)	ծնվել	[tsnvel]
geboorte (de)	ծննդաբերություն	[tsnndaberutʰjún]
baren (ww)	ծննդաբերել	[tsnndaberél]
abortus (de)	աբորտ	[abórt]

ademhaling (de)	շնչառություն	[šnčarutʰjún]
inademing (de)	ներշնչում	[neršnčúm]
uitademing (de)	արտաշնչում	[artašnčúm]
uitademen (ww)	արտաշնչել	[artašnčél]
inademen (ww)	շնչել	[šnčel]

invalide (de)	հաշմանդամ	[hašmandám]
gehandicapte (de)	խեղանդամ	[χeġandám]
drugsverslaafde (de)	թմրամոլ	[tʰmramól]

doof (bn)	խուլ	[χul]
stom (bn)	համր	[hamr]
doofstom (bn)	խուլ ու համր	[χúl u hámr]

| krankzinnig (bn) | խենթ | [χentʰ] |
| krankzinnig worden | խենթանալ | [χentʰanál] |

gen (het)	գեն	[gen]
immuniteit (de)	իմունիտետ	[imunitét]
erfelijk (bn)	ժառանգական	[ʒarangakán]
aangeboren (bn)	բնածին	[bnatsín]

| virus (het) | վարակ | [varák] |
| microbe (de) | մանրէ | [manré] |

bacterie (de)	բակտերիա	[baktéria]
infectie (de)	վարակ	[varák]

66. Symptomen. Behandelingen. Deel 3

ziekenhuis (het)	հիվանդանոց	[hivandanóts^h]
patiënt (de)	հիվանդ	[hivánd]

diagnose (de)	ախտորոշում	[aĝtorošúm]
genezing (de)	կազդուրում	[kazdurúm]
medische behandeling (de)	բուժում	[bužúm]
onder behandeling zijn	բուժվել	[bužvél]
behandelen (ww)	բուժել	[bužél]
zorgen (zieken ~)	խնամել	[χnamél]
ziekenzorg (de)	խնամք	[χnamk^h]

operatie (de)	վիրահատություն	[virahatut^hjún]
verbinden (een arm ~)	վիրակապել	[virakapél]
verband (het)	վիրակապում	[virakapúm]

vaccin (het)	պատվաստում	[patvastúm]
inenten (vaccineren)	պատվաստում անել	[patvastúm anél]
injectie (de)	ներարկում	[nerarkúm]
een injectie geven	ներարկել	[nerarkél]

aanval (de)	նոպա	[nópa]
amputatie (de)	անդամահատություն	[andamahatut^hjún]
amputeren (ww)	անդամահատել	[andamahatél]
coma (het)	կոմա	[kóma]
in coma liggen	կոմայի մեջ գտնվել	[komají médž ənknél]
intensieve zorg, ICU (de)	վերակենդանացում	[verakendanats^húm]

zich herstellen (ww)	ապաքինվել	[apak^hinvél]
toestand (de)	վիճակ	[vičák]
bewustzijn (het)	գիտակցություն	[gitakts^hut^hjún]
geheugen (het)	հիշողություն	[hišoĝut^hjún]

trekken (een kies ~)	հեռացնել	[herats^hnél]
vulling (de)	պլոմբ	[plomb]
vullen (ww)	ատամը լցնել	[atámə lts^hnél]

hypnose (de)	հիպնոս	[hipnós]
hypnotiseren (ww)	հիպնոսացնել	[hipnosats^hnél]

67. Geneeskunde. Medicijnen. Accessoires

geneesmiddel (het)	դեղ	[deĝ]
middel (het)	դեղամիջոց	[deĝamidžóts^h]
voorschrijven (ww)	դուրս գրել	[durs grél]
recept (het)	դեղատոմս	[deĝatóms]
tablet (de/het)	հաբ	[hab]
zalf (de)	քսուք	[ksuk^h]

ampul (de)	ամպուլ	[ampúl]
drank (de)	հեղուկ դեղախառնուրդ	[heǵúk deχaǵarnúrd]
siroop (de)	օշարակ	[ošarák]
pil (de)	հաբ	[hab]
poeder (de/het)	փոշի	[pʰoší]

verband (het)	վիրակապ ձապավեն	[virakáp ʒapavén]
watten (mv.)	բամբակ	[bambák]
jodium (het)	յոդ	[jod]

pleister (de)	սպեղանի	[speǵaní]
pipet (de)	պիպետկա	[pipétka]
thermometer (de)	ջերմաչափ	[dʒermačápʰ]
spuit (de)	ներարկիչ	[nerarkíč]

rolstoel (de)	սայլակ	[sajlák]
krukken (mv.)	հենակներ	[henaknér]

pijnstiller (de)	ցավազրկող	[tsʰavazrkóǵ]
laxeermiddel (het)	լուծողական	[lutsoǵakán]
spiritus (de)	սպիրտ	[spirt]
medicinale kruiden (mv.)	խոտաբույս	[χotabújs]
kruiden- (abn)	խոտաբուսային	[χotabusajín]

APPARTEMENT

68. Appartement

appartement (het)	բնակարան	[bnakarán]
kamer (de)	սենյակ	[senják]
slaapkamer (de)	ննջարան	[nndʒarán]
eetkamer (de)	ճաշասենյակ	[čašasenják]
salon (de)	հյուրասենյակ	[hjurasenják]
studeerkamer (de)	աշխատասենյակ	[ašҳatasenják]
gang (de)	նախասենյակ	[naҳasenják]
badkamer (de)	լոգարան	[logarán]
toilet (het)	զուգարան	[zugarán]
plafond (het)	առաստաղ	[arastáǵ]
vloer (de)	հատակ	[haták]
hoek (de)	անկյուն	[ankjún]

69. Meubels. Interieur

meubels (mv.)	կահույք	[kahújkʰ]
tafel (de)	սեղան	[seǵán]
stoel (de)	աթոռ	[atʰór]
bed (het)	մահճակալ	[mahčakál]
bankstel (het)	բազմոց	[bazmótsʰ]
fauteuil (de)	բազկաթոռ	[bazkatʰór]
boekenkast (de)	գրապահարան	[grapaharán]
boekenrek (het)	դարակ	[darák]
kledingkast (de)	պահարան	[paharán]
kapstok (de)	կախարան	[kaҳarán]
staande kapstok (de)	կախոց	[kaҳótsʰ]
commode (de)	կոմոդ	[komód]
salontafeltje (het)	սեղանիկ	[seǵaník]
spiegel (de)	հայելի	[hajelí]
tapijt (het)	գորգ	[gorg]
tapijtje (het)	փոքր գորգ	[pʰokʰr gorg]
haard (de)	բուխարի	[buҳarí]
kaars (de)	մոմ	[mom]
kandelaar (de)	մոմակալ	[momakál]
gordijnen (mv.)	վարագույր	[varagújr]
behang (het)	պաստառ	[pastár]

jaloezie (de)	շերտավարագույր	[šertavaragújr]
bureaulamp (de)	սեղանի լամպ	[seǧaní lámp]
wandlamp (de)	ջահ	[dʒah]
staande lamp (de)	Ճռջաջah	[dzoǧadʒáh]
luchter (de)	ջահ	[dʒah]

poot (ov. een tafel, enz.)	տոտիկ	[totík]
armleuning (de)	արմնկակալ	[armnkakál]
rugleuning (de)	թիկնակ	[tʰiknák]
la (de)	դարակ	[darák]

70. Beddengoed

beddengoed (het)	սպիտակեղեն	[spitakeǧén]
kussen (het)	բարձ	[bardz]
kussenovertrek (de)	բարձի երես	[bardzí erés]
deken (de)	վերմակ	[vermák]
laken (het)	սավան	[saván]
sprei (de)	ծածկոց	[tsatskótsʰ]

71. Keuken

keuken (de)	խոհանոց	[χohanótsʰ]
gas (het)	գազ	[gaz]
gasfornuis (het)	գազօջախ	[gazodʒáχ]
elektrisch fornuis (het)	էլեկտրական սալօջախ	[ēlektrakán salodʒáχ]
oven (de)	ջեռոց	[dʒerótsʰ]
magnetronoven (de)	միկրոալիքային վառարան	[mikroalikʰajín vararán]

koelkast (de)	սառնարան	[sarnarán]
diepvriezer (de)	սառնախցիկ	[sarnaχtsʰík]
vaatwasmachine (de)	աման լվացող մեքենա	[amán lvatsʰóǧ mekʰená]

vleesmolen (de)	մսաղաց	[msaǧátsʰ]
vruchtenpers (de)	հյութաքամիչ	[hjutʰakʰamíč]
toaster (de)	տոստեր	[tostér]
mixer (de)	հարիչ	[haríč]

koffiemachine (de)	սրճեփ	[srčepʰ]
koffiepot (de)	սրճաման	[srčamán]
koffiemolen (de)	սրճաղաց	[srčaǧátsʰ]

fluitketel (de)	թեյնիկ	[tʰejník]
theepot (de)	թեյաման	[tʰejamán]
deksel (de/het)	կափարիչ	[kapʰaríč]
theezeefje (het)	թեյքամիչ	[tʰejkʰamíč]

lepel (de)	գդալ	[gdal]
theelepeltje (het)	թեյի գդալ	[tʰeji gdal]
eetlepel (de)	ճաշի գդալ	[čaši gdal]
vork (de)	պատառաքաղ	[patarakʰáǧ]
mes (het)	դանակ	[danák]

vaatwerk (het)	սպասք	[spask^h]
bord (het)	ափսե	[ap^hsé]
schoteltje (het)	պնակ	[pnak]
likeurglas (het)	բմպանակ	[əmpanák]
glas (het)	բաժակ	[baʒák]
kopje (het)	բաժակ	[baʒák]
suikerpot (de)	շաքարաման	[šak^haramán]
zoutvat (het)	աղաման	[aġamán]
pepervat (het)	պղպեղաման	[pġpeġamán]
boterschaaltje (het)	կարագի աման	[karagí amán]
pan (de)	կաթսա	[kat^hsá]
bakpan (de)	թավա	[t^havá]
pollepel (de)	շերեփ	[šerép^h]
vergiet (de/het)	քամիչ	[k^hamíč]
dienblad (het)	սկուտեղ	[skutéġ]
fles (de)	շիշ	[šiš]
glazen pot (de)	բանկա	[banká]
blik (conserven~)	տարա	[tará]
flesopener (de)	բացիչ	[bats^híč]
blikopener (de)	բացիչ	[bats^híč]
kurkentrekker (de)	խցանահան	[χts^hanahán]
filter (de/het)	զտիչ	[ztič]
filteren (ww)	զտել	[ztel]
huisvuil (het)	աղբ	[aġb]
vuilnisemmer (de)	աղբի դույլ	[aġbi dújl]

72. Badkamer

badkamer (de)	լոգարան	[logarán]
water (het)	ջուր	[dʒur]
kraan (de)	ծորակ	[tsorák]
warm water (het)	տաք ջուր	[tak^h dʒur]
koud water (het)	սառը ջուր	[sárə dʒur]
tandpasta (de)	ատամի մածուկ	[atamí matsúk]
tanden poetsen (ww)	ատամները մաքրել	[atamnérə mak^hrél]
zich scheren (ww)	սափրվել	[sap^hrvél]
scheercrème (de)	սափրվելու փրփուր	[sap^hrvelú prpur]
scheermes (het)	ածելի	[atselí]
wassen (ww)	լվանալ	[lvanál]
een bad nemen	լվացվել	[lvats^hvél]
douche (de)	ցնցուղ	[ts^hnts^huġ]
een douche nemen	դուշ ընդունել	[dúš əndunél]
bad (het)	լողարան	[loġarán]
toiletpot (de)	զուգարանակոնք	[zugaranakónk^h]

wastafel (de)	լվացարան	[lvatsʰarán]
zeep (de)	օճառ	[očár]
zeepbakje (het)	օճառաման	[očaramán]
spons (de)	սպունգ	[spung]
shampoo (de)	շամպուն	[šampún]
handdoek (de)	սրբիչ	[srbič]
badjas (de)	խալաթ	[xalátʰ]
was (bijv. handwas)	լվացք	[lvatsʰkʰ]
wasmachine (de)	լվացքի մեքենա	[lvatsʰkʰí mekená]
de was doen	սպիտակեղեն լվալ	[spitakeǵén lvál]
waspoeder (de)	լվացքի փոշի	[lvatsʰkʰí pʰoší]

73. Huishoudelijke apparaten

televisie (de)	հեռուստացույց	[herustatsʰújtsʰ]
cassettespeler (de)	մագնիտոֆոն	[magnitofón]
videorecorder (de)	տեսամագնիտոֆոն	[tesamagnitofón]
radio (de)	ընդունիչ	[ənduníč]
speler (de)	նվագարկիչ	[nvagarkíč]
videoprojector (de)	տեսապրոյեկտոր	[tesaproektór]
home theater systeem (het)	տնային կինոթատրոն	[tʰnajín kinotʰatrón]
DVD-speler (de)	DVD նվագարկիչ	[dividí nvagarkíč]
versterker (de)	ուժեղացուցիչ	[uʒeǵatsʰutsʰíč]
spelconsole (de)	խաղային համակարգիչ	[xaǵajín hamakargíč]
videocamera (de)	տեսախցիկ	[tesaxtsʰík]
fotocamera (de)	լուսանկարչական ապարատ	[lusankarčakán aparát]
digitale camera (de)	թվային լուսանկարչական ապարատ	[tʰvajín lusankarčakán aparát]
stofzuiger (de)	փոշեկուլ	[pʰošekúl]
strijkijzer (het)	արդուկ	[ardúk]
strijkplank (de)	արդուկի տախտակ	[ardukí taxták]
telefoon (de)	հեռախոս	[heraxós]
mobieltje (het)	բջջային հեռախոս	[bdʒdʒajín heraxós]
schrijfmachine (de)	տպող մեքենա	[tpóǵ mekʰená]
naaimachine (de)	կարի մեքենա	[kʰarí mekʰená]
microfoon (de)	միկրոֆոն	[mikrofón]
koptelefoon (de)	ականջակալներ	[akandʒakalnér]
afstandsbediening (de)	հեռակառավարման վահանակ	[herakaravarmán vahanák]
CD (de)	խտասկավառակ	[xtaskavarák]
cassette (de)	ձայներիզ	[dzajneríz]
vinylplaat (de)	սկավառակ	[skavarák]

73

DE AARDE. WEER

74. De kosmische ruimte

kosmos (de)	տիեզերք	[tiezérkʰ]
kosmisch (bn)	տիեզերական	[tiezerakán]
kosmische ruimte (de)	տիեզերական տարածություն	[tiezerakán taratsutʰjún]

wereld (de)	աշխարհ	[ašχárh]
heelal (het)	տիեզերք	[tiezérkʰ]
sterrenstelsel (het)	գալակտիկա	[galáktika]

ster (de)	աստղ	[astġ]
sterrenbeeld (het)	համաստեղություն	[hamasteġutʰjún]
planeet (de)	մոլորակ	[molorák]
satelliet (de)	արբանյակ	[arbanják]

meteoriet (de)	երկնաքար	[erknakʰár]
komeet (de)	գիսաստղ	[gisástġ]
asteroïde (de)	աստղակերպ	[astġakérp]

baan (de)	ուղեծիր	[uġetsír]
draaien (om de zon, enz.)	պտտվել	[ptətvél]
atmosfeer (de)	մթնոլորտ	[mtʰnolórt]

Zon (de)	արեգակ	[aregák]
zonnestelsel (het)	արեգակնային համակարգ	[aregaknajín hamakárg]
zonsverduistering (de)	արևի խավարում	[areví χavarúm]

Aarde (de)	Երկիր	[erkír]
Maan (de)	Լուսին	[lusín]

Mars (de)	Մարս	[mars]
Venus (de)	Վեներա	[venéra]
Jupiter (de)	Յուպիտեր	[jupíter]
Saturnus (de)	Սատուրն	[satúrn]

Mercurius (de)	Մերկուրի	[merkúri]
Uranus (de)	Ուրան	[urán]
Neptunus (de)	Նեպտուն	[neptún]
Pluto (de)	Պլուտոն	[plutón]

Melkweg (de)	Կաթնածիր	[katʰnatsír]
Grote Beer (de)	Մեծ Արջ	[mets ardʒ]
Poolster (de)	Բևեռային Աստղ	[beverajín ástġ]

marsmannetje (het)	Մարսի բնակիչ	[marsí bnakíč]
buitenaards wezen (het)	այլմոլորակային	[ajlmolorakajín]
bovenaards (het)	եկվոր	[ekvór]

vliegende schotel (de)	թռչող ափսե	[tʰrčóġ apʰsé]
ruimtevaartuig (het)	տիեզերանավ	[tiezeragnáts]
ruimtestation (het)	ուղեծրային կայան	[uġetsrajín kaján]
start (de)	մեկնապղիչ	[meknatʰríčkʰ]

motor (de)	շարժիչ	[šarჳíč]
straalpijp (de)	փողեղ	[pʰoġélkʰ]
brandstof (de)	վառելիք	[varelíkʰ]

| cabine (de) | խցիկ | [χtsʰik] |
| antenne (de) | ալեհավաք | [alehavákʰ] |

patrijspoort (de)	իլյումինատոր	[iljuminátor]
zonnebatterij (de)	արևային մարտկոց	[arevajín martkótsʰ]
ruimtepak (het)	սկաֆանդր	[skafándr]

| gewichtloosheid (de) | անկշռություն | [ankšrutʰjún] |
| zuurstof (de) | թթվածին | [tʰtʰvatsín] |

| koppeling (de) | միակցում | [miaktsʰúm] |
| koppeling maken | միակցում կատարել | [miaktsʰúm katarél] |

| observatorium (het) | աստղադիտարան | [astġaditarán] |
| telescoop (de) | աստղադիտակ | [astġaditák] |

| waarnemen (ww) | հետևել | [hetevél] |
| exploreren (ww) | հետազոտել | [hetazotél] |

75. De Aarde

Aarde (de)	Երկիր	[erkír]
aardbol (de)	երկրագունդ	[erkragúnd]
planeet (de)	մոլորակ	[molorák]

atmosfeer (de)	մթնոլորտ	[mtʰnolórt]
aardrijkskunde (de)	աշխարհագրություն	[ašχarhagrutʰjún]
natuur (de)	բնություն	[bnutʰjún]

wereldbol (de)	գլոբուս	[globús]
kaart (de)	քարտեզ	[kʰartéz]
atlas (de)	ատլաս	[atlás]

| Europa (het) | Եվրոպա | [evrópa] |
| Azië (het) | Ասիա | [ásia] |

| Afrika (het) | Աֆրիկա | [áfrika] |
| Australië (het) | Ավստրալիա | [avstrália] |

Amerika (het)	Ամերիկա	[amérika]
Noord-Amerika (het)	Հյուսիսային Ամերիկա	[hjusisajín amérika]
Zuid-Amerika (het)	Հարավային Ամերիկա	[haravajín amérika]

| Antarctica (het) | Անտարկտիդա | [antarktída] |
| Arctis (de) | Արկտիկա | [árktika] |

76. Windrichtingen

noorden (het)	հյուսիս	[hjusís]
naar het noorden	դեպի հյուսիս	[depí hjusís]
in het noorden	հյուսիսում	[hjusisúm]
noordelijk (bn)	հյուսիսային	[hjusisajín]
zuiden (het)	հարավ	[haráv]
naar het zuiden	դեպի հարավ	[depí haráv]
in het zuiden	հարավում	[haravúm]
zuidelijk (bn)	հարավային	[haravajín]
westen (het)	արևմուտք	[arevmútkʰ]
naar het westen	դեպի արևմուտք	[depí arevmútkʰ]
in het westen	արևմուտքում	[arevmutkʰúm]
westelijk (bn)	արևմտյան	[arevmtján]
oosten (het)	արևելք	[arevélkʰ]
naar het oosten	դեպի արևելք	[depí arevélkʰ]
in het oosten	արևելքում	[arevelkʰúm]
oostelijk (bn)	արևելյան	[areveljàn]

77. Zee. Oceaan

zee (de)	ծով	[tsov]
oceaan (de)	ովկիանոս	[ovkianós]
golf (baai)	ծոց	[tsotsʰ]
straat (de)	նեղուց	[neǧútsʰ]
grond (vaste grond)	ցամաք	[tsʰamákʰ]
continent (het)	մայրցամաք	[majrtsʰamákʰ]
eiland (het)	կղզի	[kġzi]
schiereiland (het)	թերակղզի	[tʰerakġzí]
archipel (de)	արշիպելագ	[aršipelág]
baai, bocht (de)	ծովախորշ	[tsovaχórš]
haven (de)	նավահանգիստ	[navahangíst]
lagune (de)	ծովալճակ	[tsovalčák]
kaap (de)	հրվանդան	[hrvandán]
atol (de)	ատոլ	[atól]
rif (het)	խութ	[χutʰ]
koraal (het)	մարջան	[mardʒán]
koraalrif (het)	մարջանախութ	[mardʒanaχútʰ]
diep (bn)	խորը	[χórə]
diepte (de)	խորություն	[χorutʰjún]
diepzee (de)	անդունդ	[andúnd]
trog (bijv. Marianentrog)	ծովախորշ	[tsovaχórš]
stroming (de)	հոսանք	[hosánkʰ]
omspoelen (ww)	ողողել	[voǧoǧél]
oever (de)	ափ	[apʰ]

kust (de)	ծովափ	[tsovápʰ]
vloed (de)	մակընթացություն	[makəntʰatsʰutʰjún]
eb (de)	տեղատվություն	[teǵatvutʰjún]
ondiepte (ondiep water)	առափնյա ծանծաղուտ	[arapʰnjá tsantsaǵút]
bodem (de)	հատակ	[haták]

golf (hoge ~)	ալիք	[alíkʰ]
golfkam (de)	ալիքի կատար	[alikʰí katár]
schuim (het)	փրփուր	[pʰrpʰur]

storm (de)	փոթորիկ	[pʰotʰorík]
orkaan (de)	մրրիկ	[mrrik]
tsunami (de)	ցունամի	[tsʰunámi]
windstilte (de)	խաղաղություն	[χaǵaǵutʰjún]
kalm (bijv. ~e zee)	հանգիստ	[hangíst]

pool (de)	բևեռ	[bevér]
polair (bn)	բևեռային	[beverajín]

breedtegraad (de)	լայնություն	[lajnutʰjún]
lengtegraad (de)	երկարություն	[erkarutʰjún]
parallel (de)	զուգահեռական	[zugaherakán]
evenaar (de)	հասարակած	[hasarakáts]

hemel (de)	երկինք	[erkínkʰ]
horizon (de)	հորիզոն	[horizón]
lucht (de)	օդ	[od]

vuurtoren (de)	փարոս	[pʰarós]
duiken (ww)	սուզվել	[suzvél]
zinken (ov. een boot)	խորտակվել	[χortakvél]
schatten (mv.)	գանձեր	[gandzér]

78. Namen van zeeën en oceanen

Atlantische Oceaan (de)	Ատլանտյան օվկիանոս	[atlantján ovkianós]
Indische Oceaan (de)	Հնդկական օվկիանոս	[hndkakán ovkianós]
Stille Oceaan (de)	Խաղաղ օվկիանոս	[χaǵáǵ ovkianós]
Noordelijke IJszee (de)	Հյուսիսային Սառուցյալ օվկիանոս	[hjusisajín sarutsʰjál ovkianós]

Zwarte Zee (de)	Սև ծով	[sev tsov]
Rode Zee (de)	Կարմիր ծով	[karmír tsóv]
Gele Zee (de)	Դեղին ծով	[deǵín tsov]
Witte Zee (de)	Սպիտակ ծով	[spiták tsóv]

Kaspische Zee (de)	Կասպից ծով	[kaspítsʰ tsov]
Dode Zee (de)	Մեռյալ ծով	[merjál tsov]
Middellandse Zee (de)	Միջերկրական ծով	[midʒerkrakán tsov]

Egeïsche Zee (de)	Էգեյան ծով	[ēgeján tsov]
Adriatische Zee (de)	Ադրիատիկ ծով	[adriatík tsov]
Arabische Zee (de)	Արաբական ծով	[arabakán tsov]
Japanse Zee (de)	Ճապոնական ծով	[čaponakán tsov]

Beringzee (de)	Բերինգի ծով	[beringí tsóv]
Zuid-Chinese Zee (de)	Արևելա-Չինական ծով	[arevelá činakán tsov]
Koraalzee (de)	Կորալյան ծով	[koralján tsov]
Tasmanzee (de)	Սասմանյան ծով	[tasmanján tsov]
Caribische Zee (de)	Կարիբյան ծով	[karibján tsóv]
Barentszzee (de)	Բարենցյան ծով	[barentsʰján tsóv]
Karische Zee (de)	Կարսի ծով	[karsí tsóv]
Noordzee (de)	Հյուսիսային ծով	[hjusisajín tsóv]
Baltische Zee (de)	Բալթիկ ծով	[baltʰík tsov]
Noorse Zee (de)	Նորվեգյան ծով	[norvegján tsóv]

79. Bergen

berg (de)	լեռ	[ler]
bergketen (de)	լեռնաշղթա	[lernašģtʰá]
gebergte (het)	լեռնագագաթ	[lernagagátʰ]
bergtop (de)	գագաթ	[gagátʰ]
bergpiek (de)	լեռնագագաթ	[lernagagátʰ]
voet (ov. de berg)	ստորոտ	[storót]
helling (de)	սարալանջ	[saralándʒ]
vulkaan (de)	հրաբուխ	[hrabúx]
actieve vulkaan (de)	գործող հրաբուխ	[gortsóg hrabúx]
uitgedoofde vulkaan (de)	հանգած հրաբուխ	[hangáts hrabúx]
uitbarsting (de)	ժայթքում	[ʒajtʰkʰúm]
krater (de)	խառնարան	[xarnarán]
magma (het)	մագմա	[mágma]
lava (de)	լավա	[láva]
gloeiend (~e lava)	շիկացած	[šikatsʰáts]
kloof (canyon)	խնձահովիտ	[xndzahovít]
bergkloof (de)	կիրճ	[kirč]
spleet (de)	նեղ կիրճ	[neǧ kirč]
bergpas (de)	լեռնանցք	[lernántsʰkʰ]
plateau (het)	սարահարթ	[sarahártʰ]
klip (de)	ժայռ	[ʒajr]
heuvel (de)	բլուր	[blur]
gletsjer (de)	սառցադաշտ	[sartsʰadášt]
waterval (de)	ջրվեժ	[dʒrveʒ]
geiser (de)	գեյզեր	[géjzer]
meer (het)	լիճ	[lič]
vlakte (de)	հարթավայր	[hartʰavájr]
landschap (het)	բնատեսարան	[bnatesarán]
echo (de)	արձագանք	[ardzagánkʰ]
alpinist (de)	լեռնագնաց	[lernagnátsʰ]
bergbeklimmer (de)	ժայռամագլցող	[ʒajramaglts ʰóǧ]

trotseren (berg ~) qերել [gerél]
beklimming (de) վերելք [verélkʰ]

80. Bergen namen

Alpen (de) Ալպեր [alpér]
Mont Blanc (de) Մոնբլան [monblán]
Pyreneeën (de) Պիրինեյներ [pirinejnér]

Karpaten (de) Կարպատներ [karpatnér]
Oeralgebergte (het) Ուրալյան լեռներ [uralján lernér]
Kaukasus (de) Կովկաս [kovkás]
Elbroes (de) Էլբրուս [ēlbrús]

Altaj (de) Ալտայ [altáj]
Tiensjan (de) Տյան Շան [tjan šan]
Pamir (de) Պամիր [pamír]
Himalaya (de) Հիմալայներ [himalajnér]
Everest (de) Էվերեստ [ēverést]

Andes (de) Անդեր [andér]
Kilimanjaro (de) Կիլիմանջարո [kilimandʒáro]

81. Rivieren

rivier (de) գետ [get]
bron (~ van een rivier) ադբյուր [aġbjúr]
rivierbedding (de) հուն [hun]
rivierbekken (het) շրավազան [dʒravazán]
uitmonden in … թափվել [tʰapʰvél]

zijrivier (de) վտակ [vtak]
oever (de) ափ [apʰ]

stroming (de) հոսանք [hosánkʰ]
stroomafwaarts (bw) հոսանքն ի վայր [hosánkʰn í vájr]
stroomopwaarts (bw) հոսանքն ի վեր [hosánkʰn í vér]

overstroming (de) հեղեղում [heġeġúm]
overstroming (de) վարարություն [vararutʰjún]
buiten zijn oevers treden վարարել [vararél]
overstromen (ww) հեղեղել [heġeġél]

zandbank (de) ծանծաղուտ [tsantsaġút]
stroomversnelling (de) սահանք [sahánkʰ]

dam (de) ամբարտակ [ambarták]
kanaal (het) շրանցք [dʒrántsʰkʰ]
spaarbekken (het) շրամբար [dʒrambár]
sluis (de) շրագելակ [dʒragelák]
waterlichaam (het) շրավազան [dʒravazán]
moeras (het) ճահիճ [čahíč]

79

| broek (het) | ճահճուտ | [čahčút] |
| draaikolk (de) | հորձանուտ | [hordzanút] |

stroom (de)	առու	[arú]
drink- (abn)	խմելու	[χmelú]
zoet (~ water)	քաղցրահամ	[kʰaǵtsʰrahám]

| ijs (het) | սառույց | [sarújtsʰ] |
| bevriezen (rivier, enz.) | սառչել | [sarčél] |

82. Namen van rivieren

| Seine (de) | Սենա | [séna] |
| Loire (de) | Լուարա | [luára] |

Theems (de)	Թեմզա	[tʰémza]
Rijn (de)	Ռեյն	[rejn]
Donau (de)	Դունայ	[dunáj]

Wolga (de)	Վոլգա	[vólga]
Don (de)	Դոն	[don]
Lena (de)	Լենա	[léna]

Gele Rivier (de)	Խուանխե	[χuanχé]
Blauwe Rivier (de)	Յանցզի	[jantsʰzə]
Mekong (de)	Մեկոնգ	[mekóng]
Ganges (de)	Գանգես	[gangés]

Nijl (de)	Նեղոս	[neǵós]
Kongo (de)	Կոնգո	[kóngo]
Okavango (de)	Օկավանգո	[okavángo]
Zambezi (de)	Զամբեզի	[zambézi]
Limpopo (de)	Լիմպոպո	[limpopó]
Mississippi (de)	Միսիսիպի	[misisipí]

83. Bos

| bos (het) | անտառ | [antár] |
| bos- (abn) | անտառային | [antarajín] |

oerwoud (dicht bos)	թավուտ	[tʰavút]
bosje (klein bos)	պուրակ	[purák]
open plek (de)	բացատ	[batsʰát]

| struikgewas (het) | մացառուտ | [matsʰarút] |
| struiken (mv.) | թփուտ | [tʰpʰut] |

| paadje (het) | կածան | [katsán] |
| ravijn (het) | ձորակ | [dzorák] |

| boom (de) | ծառ | [tsar] |
| blad (het) | տերև | [terév] |

gebladerte (het)	տերևներ	[terevnér]
vallende bladeren (mv.)	տերևաթափ	[terevatʰápʰ]
vallen (ov. de bladeren)	թափվել	[tʰapʰvél]
boomtop (de)	կատար	[katár]

tak (de)	ճյուղ	[čjuġ]
ent (de)	ոստ	[vost]
knop (de)	բողբոջ	[boġbódǯ]
naald (de)	փուշ	[pʰuš]
dennenappel (de)	եղունդ	[elúnd]

boom holte (de)	փչակ	[pʰčak]
nest (het)	բույն	[bujn]
hol (het)	որջ	[vordǯ]

stam (de)	բուն	[bun]
wortel (bijv. boom~s)	արմատ	[armát]
schors (de)	կեղև	[keġév]
mos (het)	մամուռ	[mamúr]

ontwortelen (een boom)	արմատախիլ անել	[arm ataχíl anél]
kappen (een boom ~)	հատել	[hatél]
ontbossen (ww)	անտառահատել	[antarahatél]
stronk (de)	կոճղ	[kočġ]

kampvuur (het)	խարույկ	[χarújk]
bosbrand (de)	հրդեհ	[hrdeh]
blussen (ww)	հանգցնել	[hangtsʰnél]

boswachter (de)	անտառապահ	[antarapáh]
bescherming (de)	պահպանություն	[pahpanutʰjún]
beschermen (bijv. de natuur ~)	պահպանել	[pahpanél]
stroper (de)	որսագող	[vorsagóġ]
val (de)	թակարդ	[tʰakárd]

| plukken (vruchten, enz.) | հավաքել | [havakʰél] |
| verdwalen (de weg kwijt zijn) | մոլորվել | [molorvél] |

84. Natuurlijke hulpbronnen

natuurlijke rijkdommen (mv.)	բնական ռեսուրսներ	[bnakán resursnér]
delfstoffen (mv.)	օգտակար հանածոներ	[ogtakár hanatsonér]
lagen (mv.)	հանքաշերտ	[hankʰašért]
veld (bijv. olie~)	հանքավայր	[hankʰavájr]

winnen (uit erts ~)	արդյունահանել	[ardjunahanél]
winning (de)	արդյունահանում	[ardjunahanúm]
erts (het)	հանքաքար	[hankʰakʰár]
mijn (bijv. kolenmijn)	հանք	[hankʰ]
mijnschacht (de)	հորան	[horán]
mijnwerker (de)	հանքափոր	[hankʰapʰór]
gas (het)	գազ	[gaz]
gasleiding (de)	գազատար	[gazatár]

olie (aardolie)	նավթ	[navtʰ]
olieleiding (de)	նավթատար	[navtʰatár]
oliebron (de)	նավթային աշտարակ	[navtʰajín aštarák]
boortoren (de)	հորատման աշտարակ	[horatmán aštarák]
tanker (de)	լցանավ	[ltsʰanáv]

zand (het)	ավազ	[aváz]
kalksteen (de)	կրաքար	[krakʰár]
grind (het)	խիճ	[xič]
veen (het)	տորֆ	[torf]
klei (de)	կավ	[kav]
steenkool (de)	ածուխ	[atsúx]

ijzer (het)	երկաթ	[erkátʰ]
goud (het)	ոսկի	[voskí]
zilver (het)	արծաթ	[artsátʰ]
nikkel (het)	նիկել	[nikél]
koper (het)	պղինձ	[pɣindz]

zink (het)	ցինկ	[tsʰink]
mangaan (het)	մանգան	[mangán]
kwik (het)	սնդիկ	[sndik]
lood (het)	արճիճ	[arčíč]

mineraal (het)	հանքանյութ	[hankʰanjútʰ]
kristal (het)	բյուրեղ	[bjuréɣ]
marmer (het)	մարմար	[marmár]
uraan (het)	ուրան	[urán]

85. Weer

weer (het)	եղանակ	[eɣanák]
weersvoorspelling (de)	եղանակի տեսություն	[eɣanakí tesutʰjún]
temperatuur (de)	ջերմաստիճան	[dʒermastičán]
thermometer (de)	ջերմաչափ	[dʒermačápʰ]
barometer (de)	ճնշաչափ	[tsanračápʰ]

vochtigheid (de)	խոնավություն	[xonavutʰjún]
hitte (de)	տապ	[tap]
heet (bn)	շոգ	[šog]
het is heet	շոգ է	[šog ē]

| het is warm | տաք է | [takʰ ē] |
| warm (bn) | տաք | [takʰ] |

| het is koud | ցուրտ է | [tsʰúrt ē] |
| koud (bn) | սառը | [sárə] |

zon (de)	արև	[arév]
schijnen (de zon)	շողալ	[šoɣál]
zonnig (~e dag)	արևային	[arevajín]
opgaan (ov. de zon)	ծագել	[tsagél]
ondergaan (ww)	մայր մտնել	[majr mtnel]
wolk (de)	ամպ	[amp]

bewolkt (bn)	ամպամած	[ampamáts]
regenwolk (de)	թուխպ	[tʰuχp]
somber (bn)	ամպամած	[ampamáts]

regen (de)	անձրև	[andzrév]
het regent	անձրև է գալիս	[andzrév ē galís]
regenachtig (bn)	անձրևային	[andzrevajín]
motregenen (ww)	մաղել	[maġél]

plensbui (de)	տեղատարափի անձրև	[teġatarápʰ andzrév]
stortbui (de)	տեղատարափի անձրև	[teġatarápʰ andzrév]
hard (bn)	տարափ	[tarápʰ]
plas (de)	ջրակույտ	[dʒrakújt]
nat worden (ww)	թրջվել	[tʰrdʒvel]

mist (de)	մառախուղ	[maraχúġ]
mistig (bn)	մառախլապատ	[maraχlapát]
sneeuw (de)	ձյուն	[dzjun]
het sneeuwt	ձյուն է գալիս	[dzjún ē galís]

86. Zwaar weer. Natuurrampen

noodweer (storm)	փոթորիկ	[pʰotʰorík]
bliksem (de)	կայծակ	[kajtsák]
flitsen (ww)	փայլատակել	[pʰajlatakél]

donder (de)	որոտ	[vorót]
donderen (ww)	որոտալ	[vorotál]
het dondert	ամպերը որոտում են	[ampérə vorotúm én]

| hagel (de) | կարկուտ | [karkút] |
| het hagelt | կարկուտ է գալիս | [karkút ē galís] |

| overstromen (ww) | հեղեղել | [heġeġél] |
| overstroming (de) | հեղեղում | [heġeġúm] |

aardbeving (de)	երկրաշարժ	[erkrašárʒ]
aardschok (de)	ցնցում	[tsʰntsʰum]
epicentrum (het)	էպիկենտրոն	[ēpikentrón]

| uitbarsting (de) | ժայթքում | [ʒajtʰkʰúm] |
| lava (de) | լավա | [láva] |

wervelwind (de)	մրրկասյուն	[mrrkasjún]
windhoos (de)	տորնադո	[tornádo]
tyfoon (de)	տայֆուն	[tajfún]

orkaan (de)	մրրիկ	[mrrik]
storm (de)	փոթորիկ	[pʰotʰorík]
tsunami (de)	ցունամի	[tsʰunámi]

cycloon (de)	ցիկլոն	[tsʰiklón]
onweer (het)	վատ եղանակ	[vat eġanák]
brand (de)	հրդեհ	[hrdeh]

ramp (de)	աղետ	[aǵét]
meteoriet (de)	երկնաքար	[erknakʰár]

lawine (de)	հուսն	[husín]
sneeuwverschuiving (de)	ձնահյուս	[dznahjús]
sneeuwjacht (de)	բուք	[bukʰ]
sneeuwstorm (de)	բորան	[borán]

FAUNA

87. Zoogdieren. Roofdieren

roofdier (het)	գիշատիչ	[gišatíč]
tijger (de)	վագր	[vagr]
leeuw (de)	առյուծ	[arjúts]
wolf (de)	գայլ	[gajl]
vos (de)	աղվես	[aġvés]
jaguar (de)	հովազ	[hováz]
luipaard (de)	ընձառյուծ	[əndzarjúts]
jachtluipaard (de)	չնակատու	[šnakatú]
panter (de)	հովազ	[hováz]
poema (de)	կուգուար	[kuguár]
sneeuwluipaard (de)	ձյունաճերմակ հովազ	[dzjunačermák hováz]
lynx (de)	լուսան	[lusán]
coyote (de)	կոյոտ	[kojót]
jakhals (de)	շնագայլ	[šnagájl]
hyena (de)	բորենի	[borení]

88. Wilde dieren

dier (het)	կենդանի	[kendaní]
beest (het)	գազան	[gazán]
eekhoorn (de)	սկյուռ	[skjur]
egel (de)	ոզնի	[vozní]
haas (de)	նապաստակ	[napasták]
konijn (het)	ճագար	[čagár]
das (de)	փորսուղ	[pʰorsúġ]
wasbeer (de)	ջրարջ	[dʒrardʒ]
hamster (de)	գերմանամուկ	[germanamúk]
marmot (de)	արջամուկ	[ardʒamúk]
mol (de)	խլուրդ	[χlurd]
muis (de)	մուկ	[muk]
rat (de)	առնետ	[arnét]
vleermuis (de)	չղջիկ	[čġdʒik]
hermelijn (de)	կնգում	[kngum]
sabeldier (het)	սամույր	[samújr]
marter (de)	կզաքիս	[kzakʰís]
wezel (de)	աքիս	[akʰís]
nerts (de)	ջրաքիս	[dʒrakʰís]

85

| bever (de) | կուզբ | [kuġb] |
| otter (de) | ջրասամույր | [dʒrasamújr] |

paard (het)	ձի	[dzi]
eland (de)	որմզդեղն	[vormzdéġn]
hert (het)	եղջերու	[eġdʒerú]
kameel (de)	ուղտ	[uġt]

bizon (de)	բիզոն	[bizón]
wisent (de)	վայրի ցուլ	[vajrí tsʰul]
buffel (de)	գոմեշ	[goméš]

zebra (de)	զեբր	[zebr]
antilope (de)	այծեղջերու	[ajtseġdʒerú]
ree (de)	այծյամ	[ajtsjám]
damhert (het)	եղնիկ	[eġník]
gems (de)	քարայծ	[kʰarájts]
everzwijn (het)	վարազ	[varáz]

walvis (de)	կետ	[ket]
rob (de)	փոկ	[pʰok]
walrus (de)	ծովափիղ	[tsovapʰíġ]
zeebeer (de)	ծովարջ	[tsovárdʒ]
dolfijn (de)	դելֆին	[delfín]

beer (de)	արջ	[ardʒ]
ijsbeer (de)	սպիտակ արջ	[spiták árdʒ]
panda (de)	պանդա	[pánda]

aap (de)	կապիկ	[kapík]
chimpansee (de)	շիմպանզե	[šimpanzé]
orang-oetan (de)	օրանգուտանգ	[orangutáng]
gorilla (de)	գորիլլա	[gorílla]
makaak (de)	մակակա	[makáka]
gibbon (de)	գիբբոն	[gibbón]

olifant (de)	փիղ	[pʰiġ]
neushoorn (de)	ռնգեղջյուր	[rngeġdʒjúr]
giraffe (de)	ընձուղտ	[əndzúġt]
nijlpaard (het)	գետաձի	[getadzí]

| kangoeroe (de) | ագևազ | [agevàz] |
| koala (de) | կոալա | [koála] |

mangoest (de)	մանգուստ	[mangúst]
chinchilla (de)	շինշիլա	[šinšíla]
stinkdier (het)	սկունս	[skuns]
stekelvarken (het)	խոզուկ	[χozúk]

89. Huisdieren

poes (de)	կատու	[katú]
kater (de)	կատու	[katú]
hond (de)	շուն	[šun]

paard (het)	ձի	[dzi]
hengst (de)	հովատակ	[hovaták]
merrie (de)	զամբիկ	[zambík]

koe (de)	կով	[kov]
bul, stier (de)	ցուլ	[tsʰul]
os (de)	եզ	[ez]

schaap (het)	ոչխար	[vočxár]
ram (de)	խոյ	[xoj]
geit (de)	այծ	[ajts]
bok (de)	այծ	[ajts]

| ezel (de) | ավանակ | [avanák] |
| muilezel (de) | ջորի | [dʒorí] |

varken (het)	խոզ	[xoz]
biggetje (het)	գոճի	[gočí]
konijn (het)	ճագար	[čagár]

| kip (de) | հավ | [hav] |
| haan (de) | աքլոր | [akʰlór] |

eend (de)	բադ	[bad]
woerd (de)	բադաքլոր	[badakʰlór]
gans (de)	սագ	[sag]

| kalkoen haan (de) | հնդկահավ | [hndkaháv] |
| kalkoen (de) | հնդկահավ | [hndkaháv] |

huisdieren (mv.)	ընտանի կենդանիներ	[əntaní kendaninér]
tam (bijv. hamster)	ձեռնասուն	[dzernasún]
temmen (tam maken)	ընտելացնել	[əntelatsʰnél]
fokken (bijv. paarden ~)	բուծել	[butsél]

boerderij (de)	ֆերմա	[férma]
gevogelte (het)	ընտանի թռչուններ	[əntaní tʰrčunnér]
rundvee (het)	անասուն	[anasún]
kudde (de)	նախիր	[naxír]

paardenstal (de)	ախոռ	[axór]
zwijnenstal (de)	խոզանոց	[xozanótsʰ]
koeienstal (de)	գոմ	[gom]
konijnenhok (het)	ճագարանոց	[čagaranótsʰ]
kippenhok (het)	հավանոց	[havanótsʰ]

90. Vogels

vogel (de)	թռչուն	[tʰrčun]
duif (de)	աղավնի	[aġavní]
mus (de)	ճնճղուկ	[čnčguk]
koolmees (de)	երաշտահավ	[eraštaháv]
ekster (de)	կաչաղակ	[kačaġák]
raaf (de)	ագռավ	[agráv]

kraai (de)	ագռավ	[agráv]
kauw (de)	ճայակ	[čaják]
roek (de)	սերմնագռավ	[sermnagráv]

eend (de)	բադ	[bad]
gans (de)	սագ	[sag]
fazant (de)	փասիան	[pʰasián]

arend (de)	արծիվ	[artsív]
havik (de)	շահեն	[šahén]
valk (de)	բազե	[bazé]
gier (de)	անգղ	[angǧ]
condor (de)	պասկուճ	[paskúč]

zwaan (de)	կարապ	[karáp]
kraanvogel (de)	կռունկ	[krunk]
ooievaar (de)	արագիլ	[aragíl]

papegaai (de)	թութակ	[tʰutʰák]
kolibrie (de)	կոլիբրի	[kolíbri]
pauw (de)	սիրամարգ	[siramárg]

struisvogel (de)	ջայլամ	[dʒajlám]
reiger (de)	ձկնկուլ	[dzknkul]
flamingo (de)	վարդաթևիկ	[vardatʰevík]
pelikaan (de)	հավալուսն	[havalúsn]

nachtegaal (de)	սոխակ	[soχák]
zwaluw (de)	ծիծեռնակ	[tsitsernák]

lijster (de)	կեռնեխ	[kernéχ]
zanglijster (de)	երգող կեռնեխ	[ergóǧ kernéχ]
merel (de)	սև կեռնեխ	[sév kernéχ]

gierzwaluw (de)	ջրածիծառ	[dʒratsitsár]
leeuwerik (de)	արտույտ	[artújt]
kwartel (de)	լոր	[lor]

specht (de)	փայտփորիկ	[pʰajtpʰorík]
koekoek (de)	կկու	[kəkú]
uil (de)	բու	[bu]
oehoe (de)	բվեճ	[bveč]
auerhoen (het)	խլահավ	[χlaháv]
korhoen (het)	ցախաքլոր	[tsʰaχakʰlór]
patrijs (de)	կաքav	[kakʰáv]

spreeuw (de)	սարյակ	[sarják]
kanarie (de)	դեղձանիկ	[deǧdzaník]
hazelhoen (het)	ագար	[akʰár]

vink (de)	սերինոս	[serinós]
goudvink (de)	խածկտիկ	[χatsktík]

meeuw (de)	ճայ	[čaj]
albatros (de)	ալբատրոս	[albatrós]
pinguïn (de)	պինգվին	[pingvín]

91. Vis. Zeedieren

brasem (de)	բրամ	[bram]
karper (de)	գետածածան	[getatsatsán]
baars (de)	պերկես	[perkés]
meerval (de)	լոքո	[lokʰó]
snoek (de)	գայլաձուկ	[gajladzúk]
zalm (de)	սաղման	[saġmán]
steur (de)	թառափ	[tʰarápʰ]
haring (de)	ծովատառեխ	[tsovataréχ]
atlantische zalm (de)	սաղման ձուկ	[saġmán dzuk]
makreel (de)	թյունիկ	[tʰjuník]
platvis (de)	տափակաձուկ	[tapʰakadzúk]
snoekbaars (de)	շիղաձուկ	[šiġadzúk]
kabeljauw (de)	ձողաձուկ	[dzoġadzúk]
tonijn (de)	թյունոս	[tʰjunnós]
forel (de)	իշխան	[išχán]
paling (de)	օձաձուկ	[odzadzúk]
sidderrog (de)	էլեկտրավոր կատվաձուկ	[ēlektravór katvadzúk]
murene (de)	մուրենա	[muréna]
piranha (de)	պիրանյա	[piránja]
haai (de)	շնաձուկ	[šnadzúk]
dolfijn (de)	դելֆին	[delfín]
walvis (de)	կետ	[ket]
krab (de)	ծովախեցգետին	[tsovaχetsʰgetín]
kwal (de)	մեդուզա	[medúza]
octopus (de)	ութոտնուկ	[utʰotnúk]
zeester (de)	ծովաստղ	[tsovástġ]
zee-egel (de)	ծովոզնի	[tsovozní]
zeepaardje (het)	ծովաձի	[tsovadzí]
oester (de)	ոստրե	[vostré]
garnaal (de)	մանր ծovախեցգետին	[mánr tsovaχetsʰgetín]
kreeft (de)	օմար	[omár]
langoest (de)	լանգուստ	[langúst]

92. Amfibieën. Reptielen

slang (de)	օձ	[odz]
giftig (slang)	թունավոր	[tʰunavór]
adder (de)	իժ	[iʒ]
cobra (de)	կոբրա	[kóbra]
python (de)	պիթոն	[pitʰón]
boa (de)	վիշապoձ	[višapódz]
ringslang (de)	լորտու	[lortú]

ratelslang (de)	խառասանի	[xaramaní]
anaconda (de)	անակոնդա	[anakónda]

hagedis (de)	մողես	[moǵés]
leguaan (de)	իգուանա	[iguána]
varaan (de)	վարան	[varán]
salamander (de)	սալամանդր	[salamándr]
kameleon (de)	քամելեոն	[kʰameleón]
schorpioen (de)	կարիճ	[karíč]

schildpad (de)	կրիա	[kriá]
kikker (de)	գորտ	[gort]
pad (de)	դոդոշ	[dodóš]
krokodil (de)	կոկորդիլոս	[kokordilós]

93. Insecten

insect (het)	միջատ	[midʒát]
vlinder (de)	թիթեռ	[tʰitʰér]
mier (de)	մրջյուն	[mrdʒun]
vlieg (de)	ճանճ	[čanč]
mug (de)	մոծակ	[motsák]
kever (de)	բզեզ	[bzez]

wesp (de)	իշամեղու	[išameǵú]
bij (de)	մեղու	[meǵú]
hommel (de)	կրետ	[kret]
horzel (de)	բոռ	[bor]

spin (de)	սարդ	[sard]
spinnenweb (het)	սարդոստայն	[sardostájn]

libel (de)	ճպուր	[čpur]
sprinkhaan (de)	մորեխ	[moréx]
nachtvlinder (de)	թիթեռնիկ	[tʰitʰerník]

kakkerlak (de)	ուտիճ	[utič]
teek (de)	տիզ	[tiz]
vlo (de)	լու	[lu]
kriebelmug (de)	մլակ	[mlak]

treksprinkhaan (de)	մարախ	[maráx]
slak (de)	խխունջ	[xəxúndʒ]
krekel (de)	ծղրիդ	[tsǵrid]
glimworm (de)	լուսատտիկ	[lusatitík]
lieveheersbeestje (het)	զատիկ	[zatík]
meikever (de)	մայիսյան բզեզ	[majisján bzez]

bloedzuiger (de)	տզրուկ	[tzruk]
rups (de)	թրթուր	[tʰrtʰur]
aardworm (de)	որդ	[vord]
larve (de)	թրթուր	[tʰrtʰur]

FLORA

94. Bomen

boom (de)	ծառ	[tsar]
loof- (abn)	սաղարթավոր	[saġarthavór]
dennen- (abn)	փշատերև	[phšaterév]
groenblijvend (bn)	մշտադալար	[mštadalár]
appelboom (de)	խնձորենի	[xndzorení]
perenboom (de)	տանձենի	[tandzení]
zoete kers (de)	կեռասենի	[kerasení]
zure kers (de)	բալենի	[balení]
pruimelaar (de)	սալորենի	[salorení]
berk (de)	կեչի	[kečí]
eik (de)	կաղնի	[kaġní]
linde (de)	լորի	[lorí]
esp (de)	կաղամախի	[kaġamaxí]
esdoorn (de)	թխկի	[thxki]
spar (de)	եղեվնի	[eġevní]
den (de)	սոճի	[sočí]
lariks (de)	կուենի	[kuení]
zilverspar (de)	բրգաձև սոճի	[brgadzév sočí]
ceder (de)	մայրի	[majrí]
populier (de)	բարդի	[bardí]
lijsterbes (de)	սնձենի	[sndzení]
wilg (de)	ուռենի	[urení]
els (de)	լաստենի	[lastení]
beuk (de)	հաճարենի	[hačarení]
iep (de)	ծփի	[tsphi]
es (de)	հացենի	[hatshení]
kastanje (de)	շագանակենի	[šaganakení]
magnolia (de)	կղբի	[kġbi]
palm (de)	արմավենի	[armavení]
cipres (de)	նոճի	[nočí]
mangrove (de)	մանգրածառ	[mangratsár]
baobab (apenbroodboom)	բաոբաբ	[baobáb]
eucalyptus (de)	էվկալիպտ	[ēvkalípt]
mammoetboom (de)	սեկվոյա	[sekvója]

95. Heesters

struik (de)	թուփ	[thuph]
heester (de)	թփուտ	[thphut]

| wijnstok (de) | խաղող | [xaġóġ] |
| wijngaard (de) | խաղողի այգի | [xaġoġí ajgí] |

frambozenstruik (de)	մորի	[morí]
rode bessenstruik (de)	կարմիր հաղարջ	[karmír haġárdჳ]
kruisbessenstruik (de)	հաղարջ	[haġárdჳ]

acacia (de)	ակացիա	[akátsʰia]
zuurbes (de)	ծորենի	[tsorení]
jasmijn (de)	հասմիկ	[hasmík]

jeneverbes (de)	գիհի	[gihí]
rozenstruik (de)	վարդենի	[vardení]
hondsroos (de)	մասուր	[masúr]

96. Vruchten. Bessen

appel (de)	խնձոր	[xndzor]
peer (de)	տանձ	[tandz]
pruim (de)	սալոր	[salór]
aardbei (de)	ելակ	[elák]
zure kers (de)	բալ	[bal]
zoete kers (de)	կեռաս	[kerás]
druif (de)	խաղող	[xaġóġ]

framboos (de)	մորի	[morí]
zwarte bes (de)	սև հաղարջ	[sév haġárdჳ]
rode bes (de)	կարմիր հաղարջ	[karmír haġárdჳ]
kruisbes (de)	հաղարջ	[haġárdჳ]
veenbes (de)	լոռամրգի	[loramrgí]
sinaasappel (de)	նարինջ	[naríndჳ]
mandarijn (de)	մանդարին	[mandarín]
ananas (de)	արքայախնձոր	[arkʰajaxndzór]
banaan (de)	բանան	[banán]
dadel (de)	արմավ	[armáv]

citroen (de)	կիտրոն	[kitrón]
abrikoos (de)	ծիրան	[tsirán]
perzik (de)	դեղձ	[deġdz]
kiwi (de)	կիվի	[kívi]
grapefruit (de)	գրեյպֆրուտ	[grejpfrút]

bes (de)	հատապտուղ	[hataptúġ]
bessen (mv.)	հատապտուղներ	[hataptuġnér]
vossenbes (de)	հապալաս	[hapalás]
bosaardbei (de)	վայրի ելակ	[vajrí elák]
blauwe bosbes (de)	հապալաս	[hapalás]

97. Bloemen. Planten

| bloem (de) | ծաղիկ | [tsaġík] |
| boeket (het) | ծաղկեփունջ | [tsaġkepʰúndჳ] |

roos (de)	վարդ	[vard]
tulp (de)	վարդակակաչ	[vardakakáč]
anjer (de)	մեխակ	[meχák]
gladiool (de)	թրաշուշան	[tʰrašušán]
korenbloem (de)	կապույտ տերեփուկ	[kapújt terepʰúk]
klokje (het)	զանգակ	[zangák]
paardenbloem (de)	կաթնուկ	[katʰnúk]
kamille (de)	երիցուկ	[eritsʰúk]
aloë (de)	ալոե	[alóe]
cactus (de)	կակտուս	[káktus]
ficus (de)	ֆիկուս	[fíkus]
lelie (de)	շուշան	[šušán]
geranium (de)	խորդենի	[χordení]
hyacint (de)	հակինթ	[hakíntʰ]
mimosa (de)	պատկառուկ	[patkarúk]
narcis (de)	նարգիզ	[nargíz]
Oost-Indische kers (de)	ջրկոտեմ	[dʒrkotém]
orchidee (de)	խոլորձ	[χolórdz]
pioenroos (de)	քաջվարդ	[kʰadʒvárd]
viooltje (het)	մանուշակ	[manušák]
driekleurig viooltje (het)	եռագույն մանուշակ	[eragújn manušák]
vergeet-mij-nietje (het)	անմոռուկ	[anmorúk]
madeliefje (het)	մարգարտածաղիկ	[margartatsaɡík]
papaver (de)	կակաչ	[kakáč]
hennep (de)	կանեփ	[kanépʰ]
munt (de)	անանուխ	[ananúχ]
lelietje-van-dalen (het)	հովտաշուշան	[hovtašušán]
sneeuwklokje (het)	ձնծաղիկ	[dzntsaɡík]
brandnetel (de)	եղինջ	[eɡíndʒ]
veldzuring (de)	թրթնջուկ	[tʰrtʰndʒuk]
waterlelie (de)	ջրաշուշան	[dʒrašušán]
varen (de)	ձարխոտ	[dzarχót]
korstmos (het)	քարաքոս	[kʰarakʰós]
oranjerie (de)	ջերմոց	[dʒermótsʰ]
gazon (het)	գազոն	[gazón]
bloemperk (het)	ծաղկաթումբ	[tsaɡkatʰúmb]
plant (de)	բույս	[bujs]
gras (het)	խոտ	[χot]
grasspriet (de)	խոտիկ	[χotík]
blad (het)	տերև	[terév]
bloemblad (het)	թերթիկ	[tʰertʰík]
stengel (de)	ցողուն	[tsʰoɡún]
knol (de)	պալար	[palár]
scheut (de)	ծիլ	[tsil]

doorn (de)	փուշ	[pʰuš]
bloeien (ww)	ծաղկել	[tsaġkél]
verwelken (ww)	թոշնել	[tʰršnel]
geur (de)	բուրմունք	[burmúnkʰ]
snijden (bijv. bloemen ~)	կտրել	[ktrel]
plukken (bloemen ~)	պոկել	[pokél]

98. Granen, graankorrels

graan (het)	հացահատիկ	[hatsʰahatík]
graangewassen (mv.)	հացահատիկային բույսեր	[hatsʰahatikajín bujsér]
aar (de)	հասկ	[hask]

tarwe (de)	ցորեն	[tsʰorén]
rogge (de)	տարեկան	[tarekán]
haver (de)	վարսակ	[varsák]
gierst (de)	կորեկ	[korék]
gerst (de)	գարի	[garí]

maïs (de)	եգիպտացորեն	[egiptatsʰorén]
rijst (de)	բրինձ	[brindz]
boekweit (de)	հնդկացորեն	[hndkatsʰorén]

erwt (de)	սիսեռ	[sisér]
nierboon (de)	լոբի	[lobí]
soja (de)	սոյա	[sojá]
linze (de)	ոսպ	[vosp]
bonen (mv.)	լոբազգիներ	[lobazginér]

LANDEN VAN DE WERELD

99. Landen. Deel 1

Afghanistan (het)	Աֆղանստան	[afganstán]
Albanië (het)	Ալբանիա	[albánia]
Argentinië (het)	Արգենտինա	[argentína]
Armenië (het)	Հայաստան	[hajastán]
Australië (het)	Ավստրալիա	[avstrália]
Azerbeidzjan (het)	Ադրբեջան	[adrbedʒán]
Bahama's (mv.)	Բահամյան կղզիներ	[bahamján kġzinér]
Bangladesh (het)	Բանգլադեշ	[bangladéš]
België (het)	Բելգիա	[bélgia]
Bolivia (het)	Բոլիվիա	[bolívia]
Bosnië en Herzegovina (het)	Բոսնիա և Հերցեգովինա	[bósnia év hertsʰegovína]
Brazilië (het)	Բրազիլիա	[brazília]
Bulgarije (het)	Բուլղարիա	[bulġária]
Cambodja (het)	Կամպուչիա	[kampučía]
Canada (het)	Կանադա	[kanáda]
Chili (het)	Չիլի	[číli]
China (het)	Չինաստան	[činastán]
Colombia (het)	Կոլումբիա	[kolúmbia]
Cuba (het)	Կուբա	[kúba]
Cyprus (het)	Կիպրոս	[kiprós]
Denemarken (het)	Դանիա	[dánia]
Dominicaanse Republiek (de)	Դոմինիկյան հանրապետություն	[dominikján hanrapetutʰjún]
Duitsland (het)	Գերմանիա	[germánia]
Ecuador (het)	Էկվադոր	[ēkvadór]
Egypte (het)	Եգիպտոս	[egiptós]
Engeland (het)	Անգլիա	[ánglia]
Estland (het)	Էստոնիա	[ēstónia]
Finland (het)	Ֆինլանդիա	[finlándia]
Frankrijk (het)	Ֆրանսիա	[fránsia]
Frans-Polynesië	Ֆրանսիական Պոլինեզիա	[fransiakán polinézia]
Georgië (het)	Վրաստան	[vrastán]
Ghana (het)	Գանա	[gána]
Griekenland (het)	Հունաստան	[hunastán]
Groot-Brittannië (het)	Մեծ Բրիտանիա	[mets británia]
Haïti (het)	Հաիթի	[haitʰí]
Hongarije (het)	Վենգրիա	[véngria]
Ierland (het)	Իռլանդիա	[irlándia]
IJsland (het)	Իսլանդիա	[islándia]
India (het)	Հնդկաստան	[hndkastán]
Indonesië (het)	Ինդոնեզի	[indonézia]

Irak (het)	Իրաք	[irákʰ]
Iran (het)	Պարսկաստան	[parskastán]
Israël (het)	Իսրայել	[israjél]
Italië (het)	Իտալիա	[itália]

100. Landen. Deel 2

Jamaica (het)	Ջամայկա	[jamájka]
Japan (het)	Ճապոնիա	[čapónia]
Jordanië (het)	Հորդանան	[hordanán]
Kazakstan (het)	Ղազախստան	[ġazaχstán]
Kenia (het)	Քենիա	[kʰénia]
Kirgizië (het)	Ղրղզստան	[ġrġzstan]
Koeweit (het)	Քուվեյթ	[kʰuvéjtʰ]

Kroatië (het)	Խորվատիա	[χorvátia]
Laos (het)	Լաոս	[laós]
Letland (het)	Լատվիա	[látvia]
Libanon (het)	Լիբանան	[libanán]
Libië (het)	Լիբիա	[líbia]
Liechtenstein (het)	Լիխտենշտայն	[liχtenštájn]
Litouwen (het)	Լիտվա	[litvá]

Luxemburg (het)	Լյուքսեմբուրգ	[ljukʰsembúrg]
Macedonië (het)	Մակեդոնիա	[makedónia]
Madagaskar (het)	Մադագասկար	[madagaskár]
Maleisië (het)	Մալայզիա	[malájzia]
Malta (het)	Մալթա	[máltʰa]
Marokko (het)	Մարոկկո	[marókko]
Mexico (het)	Մեքսիկա	[mékʰsika]

Moldavië (het)	Մոլդովա	[moldóva]
Monaco (het)	Մոնակո	[monáko]
Mongolië (het)	Մոնղոլիա	[monġólia]
Montenegro (het)	Չեռնոգորիա	[černogória]
Myanmar (het)	Մյանմար	[mjanmár]
Namibië (het)	Նամիբիա	[namíbia]
Nederland (het)	Նիդերլանդեր	[niderlandnér]

Nepal (het)	Նեպալ	[nepál]
Nieuw-Zeeland (het)	Նոր Զելանդիա	[nor zelándia]
Noord-Korea (het)	Հյուսիսային Կորեա	[hjusisajín koréa]
Noorwegen (het)	Նորվեգիա	[norvégia]
Oekraïne (het)	Ուկրաինա	[ukraína]
Oezbekistan (het)	Ուզբեկստան	[uzbekstán]
Oostenrijk (het)	Ավստրիա	[avstria]

101. Landen. Deel 3

| Pakistan (het) | Պակիստան | [pakistán] |
| Palestijnse autonomie (de) | Պաղեստինյան ինքնավարություն | [paġestinján inkʰnavarutʰjún] |

Panama (het)	Պանամա	[panáma]
Paraguay (het)	Պարագվայ	[paragváj]
Peru (het)	Պերու	[perú]
Polen (het)	Լեհաստան	[lehastán]
Portugal (het)	Պորտուգալիա	[portugália]
Roemenië (het)	Ռումինիա	[rumínia]

Rusland (het)	Ռուսաստան	[rusastán]
Saoedi-Arabië (het)	Սաուդյան Արաբիա	[saudján arábia]
Schotland (het)	Շոտլանդիա	[šotlándia]
Senegal (het)	Սենեգալ	[senegál]
Servië (het)	Սերբիա	[sérbia]
Slovenië (het)	Սլովենիա	[slovénia]
Slowakije (het)	Սլովակիա	[slovákia]
Spanje (het)	Իսպանիա	[ispánia]

Suriname (het)	Սուրինամ	[surinám]
Syrië (het)	Սիրիա	[síria]
Tadzjikistan (het)	Տաջիկստան	[tadžikstán]
Taiwan (het)	Թայվան	[tʰajván]
Tanzania (het)	Տանզանիա	[tanzánia]
Tasmanië (het)	Տասմանիա	[tasmánia]
Thailand (het)	Թաիլանդ	[tʰailánd]

Tsjechië (het)	Չեխիա	[čéxia]
Tunesië (het)	Թունիս	[tʰunís]
Turkije (het)	Թուրքիա	[tʰúrkʰia]
Turkmenistan (het)	Թուրքմենստան	[tʰurkʰmenstán]
Uruguay (het)	Ուրուգվայ	[urugváj]
Vaticaanstad (de)	Վատիկան	[vatikán]
Venezuela (het)	Վենեսուելա	[venesuéla]
Verenigde Arabische Emiraten	Միավորված Արաբական Էմիրություններ	[miavorváts arabakán ēmirutʰjunnér]

Verenigde Staten van Amerika	Ամերիկայի Միացյալ Նահանգներ	[amerikají miatsʰjál nahangnér]
Vietnam (het)	Վիետնամ	[vjetnám]
Wit-Rusland (het)	Բելառուս	[belarús]
Zanzibar (het)	Զանզիբար	[zanzibár]
Zuid-Afrika (het)	Հարավ-Աֆրիկյան հանրապետություն	[haráv afrikján hanrapetutʰjún]
Zuid-Korea (het)	Հարավային Կորեա	[haravajín koréa]
Zweden (het)	Շվեդիա	[švédia]
Zwitserland (het)	Շվեյցարիա	[švejtsʰária]